大学教育的再构建

向促进学生成长的大学转变

大学教育の再構築

[日]金子元久（Motohisa Kaneko）著
刘文君　徐国兴　窦心浩　译

北京理工大学出版社
BEIJING INSTITUTE OF TECHNOLOGY PRESS

图书在版编目（CIP）数据

大学教育的再构建：向促进学生成长的大学转变 /（日）金子元久著；刘文君，徐国兴，窦心浩译. -- 北京：北京理工大学出版社，2021.3

ISBN 978-7-5682-9271-9

Ⅰ. ①大… Ⅱ. ①金… ②刘… ③徐… ④窦… Ⅲ. ①高等教育-研究 Ⅳ. ①G64

中国版本图书馆 CIP 数据核字(2020)第 232418 号

北京市版权局著作权合同登记号 图字：01-2020-6004

出版发行 / 北京理工大学出版社有限责任公司
社　　址 / 北京市海淀区中关村南大街 5 号
邮　　编 / 100081
电　　话 /（010）68914775（总编室）
（010）82562903（教材售后服务热线）
（010）68944723（其他图书服务热线）
网　　址 / http://www.bitpress.com.cn
经　　销 / 全国各地新华书店
印　　刷 / 三河市华骏印务包装有限公司
开　　本 / 787 毫米×1092 毫米　1/16
印　　张 / 13.25
字　　数 / 189 千字
版　　次 / 2021 年 3 月第 1 版　2021 年 3 月第 1 次印刷
定　　价 / 68.00 元

责任编辑 / 张海丽
文案编辑 / 张海丽
责任校对 / 周瑞红
责任印制 / 李志强

图书出现印装质量问题，请拨打售后服务热线，本社负责调换

中文版序言

大学教育改革中的“经”与“纬”

很高兴有机会让中国各位读者阅读到本书。对刘文君教授（日本东洋大学）、徐国兴教授（华东师范大学）和窦心浩教授（上海外国语大学）翻译本书，表示衷心感谢。

之所以为本书能与中国读者见面感到高兴，不仅是因为获得了众多的读者。高等教育改革正在成为世界性的重大问题，若使21世纪社会取得更大发展，大学教育的改革将成为不可缺少的条件。然而，人们已经逐渐认识到大学教育改革比普遍想象的要困难得多。虽然大学教育改革从根本上应该依靠各大学自身的努力，但是改革的构想必须具有超越各个大学的视野，或者进一步具有超越一个国家的国际视角，这一点具有巨大的意义。

更进一步地讲，对于大学教育改革的现状和挑战：一方面，从社会和经济发展这一历史的观点，也就是纵向（经）视线；另一方面，从这些问题在各国之间有哪些相同点或者差异这样的横向（纬）视线，从这两个方面去审视是非常重要的。

从纵向视线，即现代社会发展趋势的角度来思考。回首以往，20世纪下半叶可谓是高等教育数量扩张的时代。美国大学入学率自50年代开始上升，随后日本也在60年代开始出现了高等教育爆炸式的增长。欧洲各国虽略微迟缓，然而80年代大学入学率开始上升。美国高等教育学者特罗（M. Trow）称之为高等教育的大众化，以及普及化。这种高等教育的数量扩大与20世纪后半叶经济合作与发展组织（简称经合组织）各成员国经济的高度持续增长是相对应的。伴随着经济增长，国民收入增加，对高等教育需求扩大，同时对大学毕业生的劳动力需求也持续增加，这种良性循环的结构逐渐成为常态。

然而，这种状况自20世纪末开始转变。美国和英国的经济增长放缓，并波及日本和欧洲。虽然这未必意味着经济形势急转直下，完全恶化。但是，毋庸置疑，与以经济高速增长为基调的20世纪下半叶相比，21世纪前半叶的低速经济增长成为主要趋势。然而，对高等教育的需求并没有减弱，反而高等教育的质量改革逐渐被认为是通往新的经济增长道路的重要手段。在经济低速增长的情况下，如何在有限的资源下实现高等教育的质量改革，已成为各国面临的一个极其重要的问题。从这个意义上讲，各国高等教育都面临着共同的挑战。

一方面，从横向视线，即从各国比较的角度来看，国与国之间的差异依然很大。有观点认为，一般而言，美国大学教育具有世界上最高的质量水准，因此以此作为发展模式即可。然而，认真观察的话就会得知，美国大学教育的现状也正受到严厉的批评，大学之间的差距日益显著。特别是公立大学的辍学率很高，4年内能够毕业的学生几乎仅占1/2。而私立大学的高质量教育则伴随着昂贵的费用。另一方面，欧洲大陆的大学教育，自20世纪末开始，对以精英为对象的旧模式，通过“博罗尼亚进程”（Bologna Process）努力进行改革，但是进展缓慢。日本大学教育，正如本书所指出的那样，由于教师偏重于研究和学生与教师的比例失衡，以及企业对大学教育的漠不关心，因此并没有摆脱低密度学习的状态。

概观上述各国所表现出的差异可以认识到，实际上各国大学教育和学生的学习质量是由多种因素构成的这一点。教育课程的构建方式，教师对大学教育的观念，课堂教学方法，学生的学习动机，以及付出的努力，这些因素相互重叠构成了大学教育。并且，这些因素根植于国家自身高等教育的发展历史、社会和经济状况以及大学人的意识，并且形成一个结构，不易改变。反之，大学教育质量改革的难点也正源于此。大学教育改革，并不是单纯存在一个单一、理想的大学教育模式，将向其靠拢作为课题。大学教育改革要取得实效，只有持续不断地去经历具体确认上述因素中哪些是问题所在，并思考如何使其改变这样的过程。

在最近几年里，我作为外国专家之一，数次参加了中国教育部的本科教学审核评估，获得了考察五所重点大学教育的宝贵经验。这些大学取得了政府重点投资，设备优越，教师和学生的素质也很高。大学教育改革的积极性也令人印象深刻，其中有不少值得日本高等教育参考之处。然而，在评估过程中也有令我关注之处。例如，大学领导管理层对教育改革的热情极高，提出了各种措施。但是，对实际上所在大学的教育存在哪些问题，如何去改善，并没有形成明确的共识。往往只是强调“以极大的热情”推进“新型大学教育”，然而，通过实际教学接触学生的普通教师却甚感困惑。

打破这种局面或许可以认为，需要将大学组织层面的意向贯彻到具体的教学以及学生的学习中。为此，必须客观地把握教学和学生学习的实际状况。从另一个角度讲，有必要利用这些数据作为教育改革的推动力。虽然这一原则经常被提及，但是付诸实践并非容易。这不仅仅是中国大学面临的挑战，据我所知，这在美国大学也是一个非常重要的问题，日本的大学也同样如此。

我希望这本书能够成为中国教育改革的一个参考材料。如果这项工作在中国取得进展，这将又会成为日本大学教育改革的重要动力。由衷地期望中国大学对大学教育现状进行把握，并付诸改革，使这样的循环取得进展，并且由此带来中、日大学改革经验的交流。在这个意义上，在一衣带水有着共同文化的中、日两国之间，能够形成大学教育改革交流的良好循环。

金子元久

前　言

回顾20世纪后半叶，是大学教育的大众化和数量扩大的时代。而21世纪前半叶，将是向大学教育质量转换的时代。我们现在正处于决定这一转换方向的关键时刻。

日本的大学教育，其质量水平低于其他发达国家这样的批评，从第二次世界大战之后不绝于耳。不可思议的是，尽管饱受这样的指责，而日本的大学教育可以说并没有发生太大的变化。这大概是因为，尽管日本的大学教育存在问题，但是企业发挥了较高的生产效率，维持了良好的经济增长。

然而，这样的幸运时代正在成为过去。迄今为止，曾经给日本社会和经济带来发展的机制，不仅正在失去功能，而且逐渐成为未来发展的桎梏。可以说，日本正在摸索摆脱这种困境的方向。其中，大学教育首先寻找出大胆的重新构建的方向，将对形成社会和企业变革的可能性也具有重要的意义。

面临着大学教育改革挑战的并不只是日本，同是经合组织（OECD）各成员国，即使被认为具有世界最高质量的美国大学教育，哈佛大学前校长博克也指出了其空洞化的问题（Bok，2006），联邦政府设立的“斯佩林斯委员会”也表示了强烈的危机感（USDE，2006）。并且，有关大学教育的实证分析所反映出的学生实质性学习成果的欠缺，也引起了巨大的冲击（Arum，et al. 2011）。

大学教育质量之所以成为发达国家的一个共同问题，是因为经济的全球化、高等教育的普及化，以及社会和价值观的多样化和流动化，迫使高等教育不得不重新进行根本性的反思。

毋庸赘言，若要在全球化中具有国际竞争力，就必须培养高层次的人才。一方面，由于产业结构发生了巨大转变，对高中毕业生的劳动需求减少，年轻人不得不选择升大学，结果带来大学教育的普及化；另一方面，社会趋于多样化、流动化，学生对未来的展望和学习欲望也发生了质的变化，这就需要促使这些学生进行实质性的深层次学习这种意义上的大学教育的有效性。

并且，产业结构、企业组织也在不断流动和多样化，什么样的教育“有用”变得不可预测。在这种状况下，必须重新思考，为了未来能够生活的富有成效和意义，需要让学生具备怎样的知识能力。但是，由于经济增长放缓和人口老龄化，高等教育的社会支出不得不受到限制。学生家庭的教育费用负担也有所增加，现在有 40% 的大学生依靠贷款支付学费。追求大学效率也已不再是禁忌之言。

确保学生的深层次学习，重新构建与职业的链接，实现广泛意义上的效率性。为了回答这三个课题，日本大学教育现在迫切需要对其结构本身进行重新构建。

那么，要实现这种重新构建，哪些是必要的呢？首先要正视日本大学的教育实际状态和问题的事实。大学虽然大谈大学教育的理念，但是对大学生的学习实际状态未必能有明确的认识。在制度上，大学自我评价也不太可能触及这个深层的问题，虽然有来自社会的批评，但也只不过是基于个人的零碎印象而已。

直面现实，有助于重新审视日本大学教育的陈旧的定型观念。日本的大学教育，虽然受到各种批评，但是也必须承认其通过日积月累的探索和努力，适应了日本经济的发展，这形成了日本大学教育的一种优势。需要对包含这一特点在内的、现实中的日本大学教育的实际状态，从多视角进行分析。

作为出发点，首先，需要对大学生学习的实际状况，特别是时间的使用方式，以及学生对教学以及自身未来设想等进行把握。其次，作为其背景的教学方式、任课教师的行为和大学教育的观念，以及大学毕业生、企业的员工招聘负责人员等的经验和意见也具有重要意义。通过对上述分析进行综合性的组合，可以立体地掌握日本大学教育的现状。

当然，只是罗列实际调查的结果是没有意义的。需要通过调查分析，对日本大学的组织方式及其背后的教育理念追根溯源，重新审视。此外，还需要将大学毕业生工作的日本企业的用人方式作为探讨的问题。关于大学教育改革的讨论，实际上必须将视野延伸到日本的企业和社会的改革之中。

我在《大学教育能力》（2007）一书中简要地分析了日本大学教育的课题，但是未能对实际状态进行具体的分析。此后，本人为负责人的课题小组获得了科学研究资金（学术创新研究 2005—2009 年），开始对大学生进行大规模的调查（《大学生调查》），同时完成了《高中生毕业后追踪调查》《大学毕业在职人员调查》《人事担当人员调查》《大学教师的调查》等，实施了约 9 万人为调查对象。

本书基于这些调查获得的数据，对日本大学教育的问题，通过多角度地进行把握、分析，尝试展望重新构建的方向。

首先，作为分析的前提，对于大学教育为什么未能免于陷入问题之中，大学教育究竟是什么，结合历史背景进行阐述，并设定本书的分析框架（序章）。在此基础上，着眼于能够明确反映大学教育实际状态的学生学习时间，对其问题以及决定因素进行分析（第 1 章），并且阐释了日本大学的教育课程、授课方式，以及教师对教育的认识特征（第 2 章）。

然后，对制约大学教育的效果的学习动机和欲望进行分析（第 3 章），并对作为学习结果的基础知识、通用能力、自我认识的获得与哪些因素相关进行了分析（第 4 章）。进而，从个性成长的角度对日本大学教育的特点进行了讨论（第 5 章）。在对大学获得的知识在工作中具有怎样的意义进行分析的同时，对大学毕业生劳动力市场的结构特征及其变化进行了分析（第 6 章）。

在此基础上，论述了对日本大学教育进行变革，具有哪些具体方向以及挑战（第 7 章），最后总结了日本大学教育现在所面临的课题（结论）。另外，在附录中简释了用于分析的数据的概要和特性。

如上所述，本书在一定的框架下，以实证数据为基础，对日本大学教育的实际状况，及其背后的问题进行了分析，并探讨了其包含的意义。当然，对于本书提出的论点，也许会有各种异议。并且，对这将会给日本大学教育的未来带来怎样的启示也肯定会有不同的看法。期待由此能够产生新的讨论。

另外，还需要说明在分析方法上也存在着不足。例如，关于《大学生调查》，虽然得到了127所大学近5万名在校生的配合，但是由于调查方法的制约，进行的抽样未必是准确的。此外，统计分析方法也仅限于基本分析。并且用于解释的理论框架，也有诸多不足之处。

克服上述分析方法上的局限性，进行更为系统的分析是今后工作的课题。同时，期待基于对本书的分析批评，这一领域的实证和理论研究，能够通过各类研究人员取得进展。

作为本书进行实证分析基础的各项调查的详细说明附于书末。在此，对于协助调查的诸位同人，深表谢意。此外，如果没有科学研究基金团队各位的协助，特别是主要承担调查实施的林未央（原东京大学博士生）、两角亚希子（东京大学副教授）的努力，此项调查或许不会取得如此满足的结果，在此特表谢意。

金子元久

目　录

序章　为什么大学教育需要改革　1
0.1　社会结构的转变与大学教育　1
0.2　大学教育概述　7
0.3　日本的大学教育　13
0.4　分析视角和方法　17

第1章　学习时间及其结构　19
1.1　大学教育与学习时间　19
1.2　学习时间的现实　24
1.3　“日本式学习”的局限性　30

第2章　授课　35
2.1　教育作用的构造　35
2.2　潜在性理念和教育、学习模型　37
2.3　教育资源的量及其配置　43
2.4　教学实践与效果　52

第3章　学习动机与意愿　62
3.1　学习动机　62
3.2　动机的类型与教育效果　69
3.3　学习动力的形成　73

3.4 何谓重要因素 77

第 4 章 学习及其效果 81
4.1 大学教育及其效果 81
4.2 专业知识 88
4.3 通用能力 91
4.4 自我认识 96

第 5 章 作为成长场所的大学 101
5.1 成长的动态力学 101
5.2 自我认识的形成 107
5.3 初期条件的影响 111
5.4 课外活动的选择和影响 116

第 6 章 大学教育与职业的相关性 121
6.1 大学教育和职业能力 121
6.2 职务·职业和知识·技能 128
6.3 企业和企业劳动者眼中的大学教育 136
6.4 大学毕业生劳动力市场的动向和大学教育 143

第 7 章 大学教育的重新构建 152
7.1 日本大学教育的特征与改革课题 152
7.2 教学、教育课程的改善 157
7.3 大学组织与教育治理 165
7.4 社会与大学 171

结论 178
附录 调查概要 184
参考文献 189
译后记 研究的“博大”与“精深” 195

序　章

为什么大学教育需要改革

作为本书的前提，本章将概述社会背景中大学教育的定位（0.1 节），从历史的角度概述大学教育是什么（0.2 节），梳理日本大学教育的特点（0.3 节）。在此基础上介绍本书的分析框架（0.4 节）。

0.1　社会结构的转变与大学教育

为什么大学教育现在再次转入人们的视野？事实上，大学教育正在迅速成为一个为人关注的问题，不仅在日本，而且在经合组织国家也是共同的现象。这是因为以下三个因素正在迅速浮出水面。

1. 大学教育的问题

第一，经济合作与发展组织国家的高等教育入学率几乎超过 50%，达到了所谓的普及化阶段。从 20 世纪 60 年代到 70 年代中期，日本四年制大学入学率迅速上升，并迅速进入“大众化”阶段。之后，入学率一度停滞不前，但是在 20 世纪 90 年代进入第二个扩张期，2009 年终于达到 50%（图 0－1）。1/2 的年轻人进入四年制大学，跨入了“普及化”时代。

然而，第一个和第二个扩张时期的扩张因素差别很大。第一个扩张时期的背景是 1960 年经济的高速增长。随着家庭收入的上升和对大学毕业生劳动力的需求增加，对高等教育的需求也有所增加。

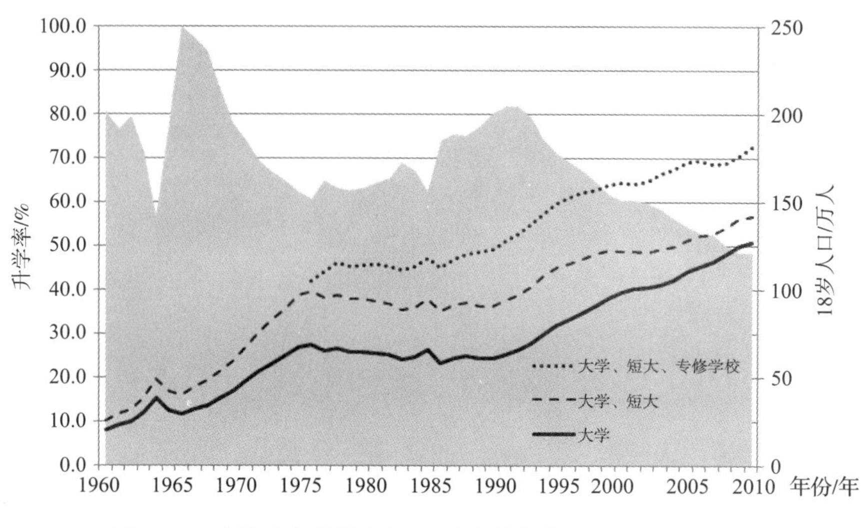

图 0－1　高等教育升学率与 18 岁人的变化（1960—2010 年）

数据来源：《学校基本调查》各年度。

第二个扩张时期，由于泡沫破裂后的经济停滞，家庭收入的上涨是有限的，对大学毕业生劳动力的需求也相应停滞。然而，尽管 18 岁人口减少，但是大学规模反而略有增加。因此，由于高中毕业生的就业机会减少，则是被动选择升大学。

第二，经济的全球化。随着经济的全球化，企业活动直接面临与国外的竞争，生产活动不断跨国界移动。国际竞争力的源泉不是物质投资和劳动力的数量，而是更高度的智力活动。不仅自然科学和技术领域，而且人文社会领域，以及普通大学毕业的白领和技术人员能力的提高，都成为重要的政策问题。

另外，经济全球化也带来了严重的就业问题。20 世纪 90 年代初，由于制造业等行业向中国和印度及其他国家转移，制造业的就业人数从 1 400 万人左右，最近降至 1 000 万人以下。以信息和通信技术发展为核心的技术发展，改变了行政管理部门的工作方式。

其影响在对高中毕业生劳动力需求上尤其显著。对应届高中毕业生的需求人数，从 20 世纪 80 年代的 80 万人左右下降到 2000 年的 20 万人，急剧下降为1/4。这表明，高中毕业生能够在可以长期积累熟练技能部门就业的机会急剧减少。可以说，由于高中应届毕业生的就业机会减少，他们只得被动选择升考大学。

此外，大学毕业生数量的增加也带来了大学毕业生的就业问题。自20世纪90年代以来，每年大学毕业生人数在50多万人，略有增加。但是，新大学毕业生的就业人数在30多万人中上下浮动，没有实现大幅增长的迹象。在90年代初泡沫经济崩溃后，大学毕业生中没有就业或进入研究生院的比例开始再次扩大，至今已达到约30%。

第三，学生素质的变化。上述高等教育的普及化意味着，在学术能力、学习动机和家庭收入等方面以前不可能入学的学生将进入大学。特别是，对大学教育机会的过度需求已经消失，有相当多的大学没有实质性的选拔，没有经过入学考试就入学的学生人数有所增加。不仅学术能力基本不足，而且没有自主学习习惯的高中生也进入大学。

然而，大学教育的适应性（readiness）问题不仅仅是学术能力。更为重要的是，包括录取难度很大的大学在内，很多学生在进入大学时，对未来的发展和大学教育的定位没有明确的认识。因此社会上认为，现代很多青年人不够成熟，没有明确的目标而进入大学，并发出叹息，予以嘲讽。

而实际上，年轻人的这一现状来自现代社会的特点。回顾以往，明治时代以来的“立身出世”，和第二次世界大战后社会对升入中产阶级之列的强烈愿望，为日本年轻人的意愿和周围的期望提供了强大的推动力。这促进了日本大学教育的普及。然而，随着现代化的实现，这种推动力逐渐减弱。

另外，现代福利国家的年轻人，对于未来的选择在形式上得到了极大的扩展，年轻人更希望根据自己的“个性”进行选择。然而，现实中年轻人所面临的社会是多种多样，不断迅速变化的，而且总是伴随着一种不可预知性。学生

---

① 即使升入四年制大学学生，大约有三分之一学生大学课程学习的时间低于一小时，有20%的学生根本不学习。根据《高中生跟踪调查》，在大学新学，高中三年级时在家学习的时间<基本不学习>为19%，<30分钟左右>6%，<1小时左右>9%，<2小时左右>14%，<3小时左右>20%，<4小时以上>32%。不到一小时，达到了34%。

对于未来感到望而生怯，可以说是很自然的。此外，虽然信息化的进步似乎提供了接触社会的各种方式和机会，但是实际上这也使年轻人产生混乱，畏缩不前，这一点并没有被人们认识到。年轻人的个性应该是逐渐形成的，对未来的选择也并非是一蹴而就的。现实中所形成的对未来选择的迷茫，难以在本质上有飞跃的变化。

因此，现代社会使年轻人在选择人生方向时缺乏动力，目标迷茫，现代日本学生处于一种难以把握自己未来线索的状况。可以说，如何为他们提供这样的线索，以及如何引导他们朝着未来对日本和学生而言都是理想的方向发展，是大学需要回答的问题。

2. 大学教育的课题

在这种情况下，大学面临着怎样的课题呢？这可以概括为三类：①提高教育对学生的有效性；②确立大学教育与职业的关联性（relevance）；③提高效率和质量保障。

（1）教育的有效性

首先是大学教育的有效性（effectiveness）。鉴于上述情况，很明显，通过提高大学教育质量，为学生提供高标准的知识，使其人格得以成长，是当前的基本课题。

到目前为止，日本高等教育一直被指出质量存在问题。此外，由于大学的大众化和普及化，学生的素质也发生了巨大的变化。简而言之，扩大招生使对先天智力能力的选拔性下降。更重要的是，在现代社会经济转型中，学生对未来的展望和上大学的动机变得模糊不清，这也影响了他们的学习欲望。另外，一些论点认为，升大学的机会已经过高，应该限制进入大学的机会。

然而，这不仅会限制个人的升学自由，而且从经济和社会政策的角度讲也是不现实的。大学入学者的自我意识和未来选择变得模糊不清，可以说是社会经济结构变化的结果，限制招生人数，并不能使其改变。事实上，这种趋势在所谓的著名大学的学生中也很明显（第2章）。另一方面，在全球化时代，高中毕业生的就业机会正在减少，限制上大学的机会只会进一步增加那些难以升大学的高中毕业生的数量。

从这个角度看，以当前学生的现状为前提，构建使这些学生获得更高水准的知识，并使其个性成长的大学教育，才是一个重要课题。此外，不仅大学教育的理念，而且学生实际上是如何学习的，并且获得了怎样的知识和能力，这一视点是必不可少的。从这个意义上说，如何形成有效的大学教育是一个重要问题。

（2）相关性（relevance）

同时，有必要再次质疑的是，大学教育内容的适当性，即在大学接受的教育，对后来的职业和社会生活有何意义。

从古典式大学观念来看，大学教育的目的是传授职业所需的专业知识。然而，在现代社会，这种意义上的“专门职业”是极为少数的，大多数大学毕业生在企业和政府等组织中分担各种工作。只有某些专业知识才能将大学与职业生活联系起来。此外，产业结构和技术发生了巨大变化，专业教育与职业所需的能力之间的关系变得更加复杂和多样化。职业结构和企业的组织方式也在迅速和持续地变化。

如果是这样的话，是否就认为大学教育和职业之间只是在专业知识上相关联呢，实际上在过去就并非如此，而未来更不具有现实性。两者之间更需要的是思考能力、沟通能力、以及主动性等。

这些被概括为核心能力（competency），或基本技能（basic skill）、通用能力（Generic skill）等概念。大学教育通过提供专业知识和向学生提供这种能力来提升他们的职业能力，这样的认识自20世纪90年代以来在美国和欧洲等产生了很大的影响，日本经济产业省等也在强调“社会基本能力”的重要性。

因此，这些有关新能力的构想是抽象性演绎而来的，具体以怎样的形式去理解和衡量它，以及通过什么样的教育来培养，对此并没有一定的共识。但尽管如此，在扩大视野的基础上，重新理解大学教育与职业之间的关系已成为一个重要的课题。

(3) 质量保证、效率、问责制

整个高等教育体系，需要大学毕业资格的质量保证的实质化，社会问责制(accountability)的建立，以及经济上的效率性的提高。

大学毕业资格被认为是衡量一定能力和素质的指标，事实上，这在很大程度上取决于大学入学阶段的学术能力的选拔。然而，如果这种选拔由于高等教育的普及化而失去实质性的功能。从这个意义上讲，它就不能发挥作为质量指标的作用。而更为重要的应该是，高等教育有效发挥提高学生的能力，增加其附加价值这样的功能能够得到保证。

从宏观经济角度看，这些关系到国家教育中对高等教育投资的效率问题。即使这在经济高速增长时不是一个大问题，但是在整体经济增长率降低后，就不可能不被视为问题所在。此外，高等教育对家庭来说也成为越来越繁重的经济负担。20 世纪 80 年代，接受日本学生支援机构提供的贷款奖学金的学生约占 10%，到 2000 年，这一比例急剧上升，达到 40%。大学升学率的扩大是通过财政债务和家庭债务来实现的。

在这种情况下，质问大学教育支出实际上对学生教育产生了怎样的影响，是很自然的；质疑大学教育的效率已不再是禁忌。换句话说，这意味着需要“问责制”，即向社会明确解释大学教育的质量和效率。进入 21 世纪后，这种要求在美国也日益强烈。②

上述三个课题都与大学教育的质量有关。从这个意义上说，大学教育的重点从数量扩张转向质的变化。然而，“质量”问题具有非常多样化的侧面和深刻的结构。此外，它涉及大学教育的现实，以及大学教育背后的教育理念。需要深入分析这些结构性问题。

② Business－Higher Education Forum, 2004; The Business Roundtable 2005; National Association of Independent Colleges and Universities (NAICU), 1994; Association of American Colleges and Universities (AAC&U), 2002; State Higher Education Executive Officers (SHEEO), 2005.

0.2　大学教育概述

以上简单地梳理了现代高等教育所面临的课题，但是从长期来看，这意味着高等教育在哪些方面需要改变呢？首先，从什么是大学教育、如何教授以及大学教育具有怎样的功能，这样的角度来回顾大学教育的历史。

1. 三个趋势

大学教育有着自中世纪以来悠久的历史，其发展有三种趋势（图0－2）。

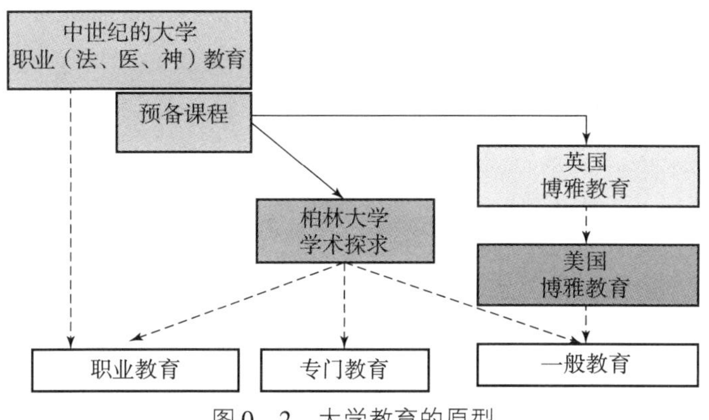

图0－2　大学教育的原型

（1）高级职业教育。所谓的“大学”（universitas）起源于中世纪，12世纪至13世纪的欧洲，其基本功能是培养三种高级职业（专业），即法学、神学和医学人才，大学由法学、神学和医学学院及其预备课程组成。③ 这些称为大学的原型的巴黎大学以神学，博罗尼亚大学以法律著称。

（2）以职业教育为中心的这种形式延续了很长时间，但是在19世纪工业化之后，工程师、农业技术人员、管理人员和教师等新的专门职业诞生了，为了适

---

③　其中关于法学，据说虽然没有设立有关司法的专门职业，但在意大利，贵族大多是地主，为了处理土地问题的纷争，掌握《罗马法》对于贵族来说是必要的教养教育。并且还发挥了国家机构中官僚培训的作用。神学的训练，也在一定程度上具有对在中世纪欧洲作为与世俗国家平行的统治机制的罗马教会官僚的准备教育。（Rashdall、横尾监译1968）

应这些职业的需要，职业教育也扩大了范围。

在职业教育课程中，受教育者的动机是明确的，大学教育可以以此为前提。教育的内容基本上也是职业所需的知识，通过学习必须获得的知识和技能的目标被明确设定。讲课的形式自然采用了传授的方式。如果对达成的目标进行明确定义的话，则通过测试进行客观评估也是可能的。

对于学生来说，未来的生活和大学毕业考试或国家考试（为同一个考试的也为数不少）直接相关。因此考试合格成为强烈的学习动机。

第二个传统是“博雅教育”（Liberal Arts）。在中世纪大学，作为进入上述神、法和医师三类高级学院的准备课程，学习“自由七科”（由 septem artes liberals - 语法、修辞学、辩证法三个学科（trivium），以及算术、几何、天文学、音乐四科（quadrivium）构成），这些基本上是古希腊和罗马的经典。以这些为内容的教育，在英国的牛津大学和剑桥大学的“学院”（college）中，得到了特殊的发展。

学院，基本上是为了培养富裕阶层的子弟而进行的教育。在学院里由共同起居的高级学生和单身学者作为助教（tutor），为学生提供一对一或以少人数的学生小组为对象的教育。诚然，是以希腊和罗马的经典作为教科书，学习的是各阶级共同的知识。但是，通过教师和学生之间进行对话，使学生意识到自身既定的思维之茧，从中学习到新的思考方式这种智力的成长，作为教育过程被认为是重要的。同时，这有助于培养根据一定的规则与他人互动，从而达成协议这种作为社会领袖的能力（Kimball，1995）。

后来，博雅教育被美国殖民地大学所继承，19 世纪初的耶鲁大学报告（Yale University，1828）描述了其典型理念，教育的目的不是学习经典本身，而是由此进行思维的训练。并且，作为教科书的经典，其意义在于，由于内容是固定的，施教方可以更好地控制教育过程。④

第三个传统是，成立于 1810 年，成为近代大学的典范的柏林大学在创建时

---

④ “Those branches of study should be prescribed, and those modes of instruction adopted, which are best calculated to teach the art of fixing the attention, directing the train of thought, analyzing a subject proposed for investigation; following, with accurate discrimination, the course of argument”（Yale Univesity 1828、p. 8）

形成的“学术和探索”的理念。它也被称为以柏林大学主要创始人的名字命名的“洪堡理念”。

可以说，它诞生于德国思想哲学和现代科学的兴起这两个因素之间。根据洪堡、菲希特等的说法，大学的使命在于探求学术真理。从这个意义上说，大学必须首先成为从事研究的学府；然后学生耳闻目睹这些真理的探索过程，并且自身作为一个研究者进行探索，在训练思想的同时，实现道德或人格成长，即受到陶冶。[⑤]

学生本身也是知识的探索者，通过讲座，重温作为真理探索者前辈的教师的研究过程，并在这种激励下开始自己的知识探索。或者在自然科学领域，通过加入以教师为中心的研究群体，从事辅助工作，参与知识探索的过程。这种“正统的外围式参与”发挥了一种非正规教育的功能。

学生由此获得的专业知识和技能而成为研究人员，或成为逐渐扩大的中等教育的教师。或者，基于所受到的知识陶冶，成为各领域的官僚和社会的领袖。

从这个意义上说，“洪堡理念”在19世纪初实际上在多大程度上被普遍理解并在大学中付诸实践了呢？这一点一直受到怀疑（潮木，2008）。然而，至少在19世纪末到20世纪初，这种理念得到广泛传播，同时德国大学的研究也取得了巨大的成就，这对包括日本在内的世界各国的大学产生了巨大影响。

2. 现代社会与大学教育

然而，在19世纪下半叶的经济和社会发展中，大学教育发生了巨大的变化，原因之一是职业教育的范围大大扩展。随着19世纪下半叶工业的发展，对工业部门工程师或农业部门专家的需求不断增长。此外，随着小学和中学教育的扩大，对教师的需求也有所增加。在欧洲，这些专业培训是在大学之外的教育机构进行的；但在美国，则是通过19世纪末建立的州立大学将这些教育功能整合到大学中。

⑤　费希特“（大学作为一门学问）对尚未尽知之物，决不以为其不可尽知，而应对其穷究不舍；洪堡”学生亦为研究者，教授乃学生研究的指导和辅助者（《在柏林创立一所高等教育机构的演绎计划》）。

这些新专业人才的职业范围很广，与大学教育和职业在法律、医学等专业受到职业团体和国家许可证制度的有力保护和管制不同，大学教育与职业的关系是流动的。此外，由于产业结构的变化，不断需要新的专业人才，并且专业领域也更加多样化和迅速扩大。因此，大学教育与专门职业之间的连接在幅度上扩大，并且趋于间接化。

一方面，知识在19世纪开始的各类科学中爆炸式增长，高度化和分化，以及价值观的转化，意味着以古典为中心的教育已经不能满足于新一代教育的需求。实施博雅教育的依据本身也就必然开始受到质疑。

这实际上，对洪堡模式的大学教育理念也提出了严重的疑问。因为，洪堡模式的大学教育理念的前提是，各类科学在自主发展的同时，作为整体形成一个综合系统去接近“真理”的过程。然而，现实中科学知识的发展却是知识的扩散式扩展。从这个意义上说，学术探索促进人格发展的陶冶理论，不可避免地遭到背离。

另一方面，期望接受高等教育的人口开始增加。随着工业的发展，希望进入大学的人数扩大，拥有更多样化的社会背景的人口开始进入大学。在欧美各国，20世纪初，小学和中等教育制度已经建立，大学入学的条件和途径在制度上也得到了确立。大学教育开始融入了国民教育体系。

由此而形成了现代大学教育。欧洲的高等教育的基本结构大致如下。第一，除英国以外，以古典为中心的知性训练的教育在中等教育阶段进行，这也是大学入学的资格。在英国，虽然大学有所增加。但是，将古典的博雅教育的形式延续下来的只有如牛津大学和剑桥大学等极少数大学。第二，多数医学、神学、法学以外的职业教育，也逐渐在职业高等教育机构或后期中等教育机构实施。因此，第三点是大学教育基本上一直受到了洪堡式教育模式的巨大影响。

3. 大众式高等教育

高等教育的大众化使新型的大学教育模式在美国形成，我们特此称之为大众式大学教育模式。在其形成过程中有三个重要的转折点。

第一，美国大学教育是由移植英国大学教育开始的，特别是受到了剑桥大学的巨大影响。然而，由于没有像英国学院那样的教育环境，因此无法通过助教进行博雅教育。另外，因为大学是由以宗教信仰为核心而形成的殖民地社区建立的，并且，在作为宗教中枢的新教和清教徒的教义中，认为年轻人需要通过严格训练才能成人或重生。此外，由于学校教育系统不完善，“学院”也承担了中等教育的功能。在这种背景下，集体授课，严格“灌输”以古典为中心的教学内容的形式，成为美国大学教育的基础。（RudoLph. F，2003 年第 4，5 章；潮木，1993 年第 2 章）。

19 世纪下半叶，随着自然科学的发展，对以古典为中心的教育内容的批评越来越强烈。同时，在服务于农业和工业发展的广阔领域开始兴起的职业教育，逐渐被纳入以州立大学为中心的高等教育。因此，有必要在教学课程中引入现代科学或工业科学和农业科学等与现代职业相关内容。并且，设计了与之相适应的制度框架，即选择科目制度或学分制。

在第二次世界大战前、后，出现了旨在向全体国民进一步扩大高等教育机会的政策。提出这一理念的是所谓的《杜鲁门报告》（President’s Commission，1947 年）。高等教育被作为美国社会政策的一部分，同时要求大学教育成为民主主义国家的精神中枢。再加上为日益多样化的大学教育建立共同基础的要求，提出了“普通教育”（General Education）的概念。

此外，由于中等教育种类多样，入学能力也不同，因此有必要明确各门课程的达成目标，并严格评分。同时，学习内容的学术性迅速提高，各领域知识体系的标准化得到了推进。与之相对应，对包括课程内容和必读文献表的教学大纲的编制得到普及。通过这种形式明确了学习目标，并且要求频繁进行考试，提交小论文，以促进和确认这些目标的达成。

因此，根据时代的要求，源于宗教信仰的“灌输”传统，通过各种新的教育制度、方法或教学“道具”得以延续和体现。此外，还有学生宿舍的改善和图书馆的完善，这些作为整体，支撑和形成了美国大学教育的特点。

其特点首先是“教育项目课程主义”。大学教师组织以与学术专业相对应的学科（department）为单位划分，研究生也属于与此相对应的课程（Trow and Burrage，2010：331）。然而，在学士学位课程，每个学生不是属于这样的专业单位的组织，而是选择学习项目课程一直到毕业为止。

项目课程，具有课程模型和设置学习过程的选择范围的学习框架这两个侧面。工程等部分专业，有的以院系（school）为单位招收学生，一般来说，不会在大学入学阶段限定学生到毕业为止的专业。项目课程的构成是，低年级以普通教育为主要内容，在高年级增设特定专业（major）的科目。

第二，学习的模块化和“学分”是基础。在古典的欧洲大学中，大学毕业基本上是由各种结业或合格考试决定的，而各门讲座的修读与毕业资格没有直接的关联。在美国，如上所述，是采用了将各种教育内容纳入本科课程，学生在大学之间流动，以及通过教育项目设置学习框架，再将学习课程划分为课程（course）这样的制度。并且，各科目的学习成绩被计算为学习“单位”，单位总数达到规定数量，并覆盖一定的领域，才能获得毕业资格。第二次世界大战后，在对包括普通教育在内的教育课程项目的进行标准化时，许多大学所设定的必修学分约为120学分，这一标准延续至今（清水，1998）。

反之，各授课科目是作为整体构成系统的教育课程来设计的。以各门课程连接关系为基础，划分为入门课程、中间课程、专业课程或部分与研究生院兼容的课程，并由课程编号明确标识。各门课程的内容不是以学术专业，而是从作为构成教育课程项目的因素的角度来决定的。

第三，学习管理的系统化。如前所述，美国大学教育的基本课题是，通过少数学生和教师之间的对话而实施的博雅教育所发挥的功能，如何在多数学生参加的课堂教学中得以实现。为了有效地实现这一点：一方面，对教学课程的数量进行精选；另一方面，通常每周举行两到三次的授课。

此外，采用了称为“小道具”的教学辅助手段。设定教学大纲（Syllabus），明确说明在课程科目中应学习的知识和技能、课程表、基本教材、必读和参考书目以及学分和成绩评定的标准。授课以对必读和参考文献的理解为前提，频繁进行小测试、作业和报告，并进行期中考试和期末考试。此外，以助教（TA）为中心组织进行课题学习。

通过这些手段的使用，使成绩评估标准化，因此提高了其可信性（喜多村编，1988），使成绩成为奖学金和研究生入学选拔的标准。因此，取得好成绩成为学习的重要动力。所谓的 GPA（Grade Point Average）不仅仅意味着严格地进行成绩管理，而且要与这些教育手段相结合。

由此而形成的美国大学教育，尽管在 20 世纪 50 年代和 60 年代的大众化过程中，数量迅速扩张，但是在国际上享有很高的声誉。不仅是选拔性高的大学，普通大学的教育也是如此。这是美国大学教育的一大特点和优势，它根植于上述大学教育的结构特征。

然而，由于高等教育的普及化，美国大学教育也出现了严重的问题，这也是事实。例如，在 2001 年以全日制学生身份进入大学的学生中，在五年内获得学位的学生比例仅为 54%⑥。尽管存在重新入学很容易，学生流动性强等因素，但这表明有很多学生未能取得所要求的学分。

从另一个角度讲，通过控制学习过程来调动学习的动机，对一部分学生没有充分发挥作用也是一个不争的事实，可以说这是美国大学教育问题的焦点之一（Arum and Roksa，2011）。

0.3　日本的大学教育

与之相比，日本的大学教育具有怎样的特点呢？

1. 生成

始于明治时期的日本大学教育是为满足培养近代化所需专业人才的需要而产生的。因此就不难理解为什么早期的东京大学以及司法部的明法寮和工部大学校等高等专业学院“大学校”（Grandes écoles）式的高度专门职业教育的色彩（天野，2009（上）. 第 1 章）。事实上，在早期的东京大学，非常重视考试的分数，毕业时名册上的序号是以分数高低为序排列的（潮木，1986. 第 2 章）。

另外，随着留学生从当时世界学术中心的德国学成归国，开始将学术型大学教育全面引入日本。但直接引入德国式的研讨班式（seminar）教育的尝试，特

⑥ National Center for Education Statistics. Digest of Education Statistics 2009, Table 331.

别是在社会科学领域并非成功（潮木，1997；菊池，1999）。然而，自东京帝国大学成立（1886）以来，在各学术领域设立了由教授、助理教授、助手、研究生和学士课程学生组成的“讲座”，并在此基础上提供研究和教育费用，确立了研究教育的基本单位的组织原则。在“讲座”中将研究与研究生院和学位课程的教育结合为一体，形成了日本式学术型大学教育的原型（寺崎，1972）。

另外，随着近代化的进展和政府、近代企业的扩大，需要具有大学毕业资格的管理人才，为了获得这样的就业机会，大学升学的需求增加。其中许多是面向法学和经济学等社会科学，这带来了私立大学社会科学类专业的学生的数量的增长。即使对这些学生的教育，学术研究的导向也产生了强烈的影响。虽然这有非常脱离实际的一面，但这种将自主探索的精神作为学习基础的教育理论（“自由学习”），作为近代人才的培养理念具有很强的说服力。同时，大学教师自身更偏重于研究成果，从这个意义上讲，教育的学术探索导向对教师来说也没有任何感到不妥之处。

此外，作为升大学的准备教育，设立了（旧制）高中和大学预科，主要进行以语言教育为重点的教育内容。此外，在与社会隔绝的环境中，强调脱离实用性的阅读和思考的重要性，在这个意义上可以说具有类似于博雅教育的功能。然而，不可否认的是，在内容上具有强烈的脱离现实的倾向。

第二次世界大战后，日本的大学教育导入了在美国中西部开始普遍实施的以包括普通教育在内的124学分为基准的大学教育的框架。然而，大学的组织原则和成员的意识还滞留于战前的状态，社会经济环境也大相径庭。在这样的状况下就形成日本大学教育的特点（喜多村，1988：216）。

2. 日本大学教育的特点

经过以上的形成过程，日本大学在承接了上述大学教育三个趋势的影响的同时，形成了自己的特点。与美国相比有以下三个特点。

第一，就学生学习课程框架而言，日本大学可以定位为“组织归属主义”，而不是美国“教育项目课程主义”。它源于日本大学的组织结构。

如上所述，“讲座”制度原本只是用于帝国大学和一部分政府设立大学的预算措施上的，但却被作为日本学术性“大学”的基本组织原则，并且不仅对战后改革后形成的国立大学，而且对公立大学、私立大学也产生了重要影响。从这个意义上可以说，战后的大学是以东京大学为中心的研究型大学的同类繁殖。

其基本原则是，在特定专业领域，教师、研究生和学士课程的学生属于同一个单位。该单位的大小虽因专业领域而异，但理学、工学、农业等科学领域以及文学和教育学中的细分化特别明显。学生从入学时起就按不同单位进行选编，原则上直至毕业一直属于该单位。特别是在高年级，进一步细分，往往属于由一名或几个教师为中心组成的“研究室”等单位。

第二次世界大战后，改革引入的普通教育虽然是教育项目课程的概念，但许多国立大学都成立了以普通教育为目的的部门，并在这里将前两年的学生和任教教师归于这一部门。并且大多数私立大学，将担任普通教育的教师归属于各院系中，即使其融入了原有的组织。然而，由于承担普通教育的组织没有相应的研究部门，因此没有能够得到与其他部门同等的地位。

然而，随着1991年大学设置标准的大纲化，普通教育作为必修课的规定放宽，许多国立大学解散了普通教育组织，并将教师归入与专业领域相对应的院系。一般教育由每个院系的教师组成的虚拟组织来担任，这在某种意义上虽然保留了“教育项目课程主义”，但至少可以说，教师组织的归属主义又被推进了一步。

第二，教师在教学课程科目上的自由裁量权以及与之相应的大学教育课程制度的薄弱性。第二次世界大战后改革后，在日本各大学，学生的学习课程改为以教学科目为基础单位进行。对其中一些课程规定为必修，由此来确保学生对基础知识的理解和专业领域的理解。这与美国没有太大差异。

然而，在日本的大学里，课程基本上不单纯是按照为逐步达到对特定专业领域的共同理解，而排列教学课程单元这样的逻辑来设置课程单元的。不少课程的设置是偏重于与教师研究相关的相对狭窄的领域。因此，课程科目之间的系统性没有得到充分确立，课程科目很少是按从入门阶段开始到专业化的顺序来分类和排序。

第三，“学习的自由”这一概念作为大学教育的理念，保持了强大的影响力，这表现在很多方面。一般来说，对学生课堂学习的管理并不严格。各教学科目以“讲座”为中心进行，对成绩的评定也并非严格。

而对此发挥了弥补作用的是毕业论文和毕业研究。学生属于由教师、研究生等组成的研究室，并在那里接受非正式的学术指导。另外，在医学和法学等与高级专门职业直接相关的专业领域，由于所学知识和技能体系是明确的，同时需要接受职业资格考试和国家考试等，这成为具体的学习目标。然而，就整个大学生活而言，对学生的要求并不严格。

反而大学通常认为是为青年人提供独立思考和自我塑造的机会，可度过一个“暂休”时期的场所。在课余时间，学生社团等形成了坚实的归属群体，或者兼职、打工等是一个社会培训的场所。还坚信通过阅读等可培养和提高一个人的“教养”。在这种逻辑下，对以课堂为中心的学习的轻视无形中被正当化。

3. 大学教育改革

迄今为止，人们一直对日本大学教育的现状提出了各种批评。可以说战后大学教育的发展过程始终伴随着这种批评。“大学改革”是第二次世界大战后日本高等教育的一个永恒的主题。

其焦点首先是从美国导入的关于普通教育的理念。此外还有从 20 世纪 60 年代到 70 年代高等教育急速的“大众化”所引起的问题。可以说滞后于数量扩张，大学人力和物力资源的不足所带来的“贫困”，成为谈论此后日本大学教育时的一种原罪。

自 20 世纪 90 年代末以来，对提高大学教育质量提出了各种具体方法。1998 年的大学审议会会报告《21 世纪的大学形象和未来的改革措施》成为开启先河的代表性文献。报告指出，日本大学教育的问题是与大学设置标准所规定的教学时间和学生学习时间的标准相去甚远。并提出了“教学管理的责任制和严格的成绩评估的实施”的改进措施，具体要求应根据授课次数的标准实施教学，严格评定成绩，并进行授课评估。从这个意义上可以说，该报告提出了先从加强对学习质量的管理入手的要求。

中央教育审议会《关于本科教育的构建（报告）》（2009）中，提出了将教学课程系统化、落实单元制、改进教学方法和严格成绩评定等建议，此外，还要求通过各专业领域的教育培养学生的基本能力。此外，2012 年《为构建新未来的大学教育质量转换》指出，学生的学习时间不足，并以此为契机讨论了实现大学教育质量提升的具体方向。

这些政策动向也可以说反映了社会对大学的广泛关注。但另一方面，大学进行改革的尝试还不够充分。重新思考什么才是理想的大学教育的根本所在是今后的一个重要课题。

0.4　分析视角和方法

鉴于上述背景，显然对大学教育不能只是从抽象理念或教育技术的角度进行讨论，必须将大学教育置于包括社会和大学生在内的广泛框架内，实证性地重新把握其实际状态，

特别重要的是，要将分析的视角从以教育一侧为中心扩展到学生的学习行为。必须将接受教育一方的学生是如何接受教育和进行学习的，并且学到了什么，作为问题的着眼点

自 20 世纪 90 年代以来，在美国和欧洲开始强调这一视点的必要性，各国对学生的行为进行了广泛的调查。在日本，对学生的学习行为也开展了调查和分析（山田编著，2009；小方，2008）。然而，对这些调查的结果与大学教育的框架和理念、或教育课程、授课以及与职业的关系相联系，并没有充分地进行分析。对这一方向的研究进行探索是本书的课题。

本书的分析框架如图 0－3 所示。

这一框架是以学生的学习行为为中心的。具体而言，首先必须明确分析学生是如何接受课堂教育，如何学习的。简而言之，学生是如何利用时间的。

与其相关的因素，一方面，教育的运营方式。它决定于大学的组织、大学教育理念、教育课程、专业知识体系等，以及教师对大学教育的态度、理念和课堂教学。另一方面，学习行为是学生方面的因素，即知识的就绪性、学习动机以及相关的既往经验、自我意识和对未来社会职责的期望等。

此外，这些因素相互作用，在获得学习成果的同时，学生的个性也得到成

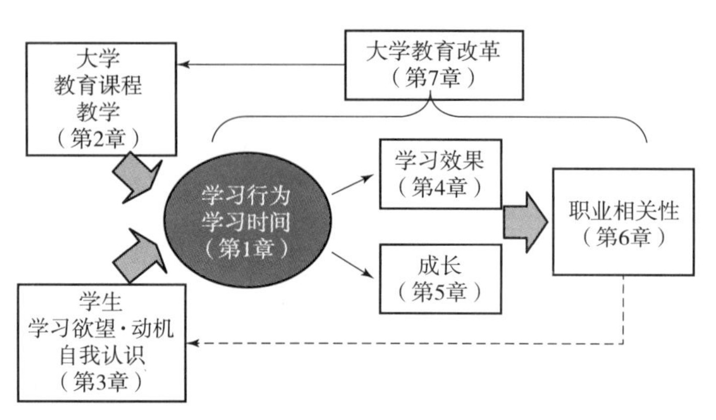

图 0－3 大学教育的分析框架

长。并且还会影响毕业后的职业和社会生活。而这又对学生的学习行为和大学教育产生影响。

基于这一分析框架，下面将学习时间作为学习行为的基本指标，对《大学生调查》进行实证分析（第 1 章），在此基础上对大学教育体制，特别是大学教师的时间分配，及其背后的教育理念进行分析（第 2 章）。并且根据《大学生调查》和《高中生跟踪调查》，对学生的自主学习时间，是如何受到学生的学习动机和教学方式等因素影响的进行分析（第 3 章）。进而分析其与教育效果的关联（第 4 章），以及四年的大学教育对学生成长产生了怎样的影响（第 5 章）。之后利用《大学毕业生职业调查》和《人力资源人员调查》的结果，分析大学教育获得的知识和技能与职业所需的知识和技能之间的关系，思考大学毕业生劳动力市场的结构及其变化对大学教育的意义（第 6 章）。

基于上述实证研究，重新梳理日本大学教育的特点，并对在大学教育改革中大学教师、大学组织，以及在政策层面上需要什么样的机制进行讨论（第 7 章）。

此外，在书末将附加作为实证分析基础的一系列调查的概要，以及部分调查受访者的分布与各自的统计抽样总体分布相比所显示的特征。分析中的部分统计值为根据统计抽样总体分布加以修正的估计值，其他均为受访者（样本）的简单列表值，但在多数情况下经修正后产生的差异很小。此外，除了部分变量之间的关联外，只显示了回归分析的结果。今后将进行更深层和翔实的统计分析。

第1章

学习时间及其结构

作为分析的第一步，本章着眼于能够突出反映大学教育实际状况的学生学习时间，进行实证分析。首先，明确大学教育中学习时间的含义（1.1节）；然后，用数据实证性地展示日本大学生是如何在各种活动中分配使用时间的，并与美国学生进行对比（1.2节），在此基础上，最后对由此显示的日本大学教育的基本问题进行讨论（1.3节）。

1.1 大学教育与学习时间

首先对为什么要着眼于学习时间，以及从中能读取怎样的信息进行梳理。

1. 作为指标的学习时间

关注学习时间的首要理由在于，它是衡量学习成果的重要指标。

我们对大学教育的关注，已经从大学以及教员等教育方一侧，逐渐发展到包括学生自身学习什么，以及如何学习这样的立体化的角度。这意味着，关注的不是学生被教授了什么，而是学习了什么，及其获得的成果。

为此，不断有试图通过标准化测试来测量学习行为结果的尝试。然而，这种尝试还不可能在近期达到实际运用的水平（金子，2009a）。

当前重要的是，应尽可能用准确的指标来把握学生的学习量，并在此基础上进行实证分析。从这个意义上说，掌握学生的生活时间和其中的学习时间具有重要的意义。虽然学习时间与学习结果没有直接关系，但至少不花费一定的时间，学习根本就不可能成立。从对个人的成长这个意义上，学习时间也有着重要的意义。

2. 学习时间的结构

第二是通过由学习时间可以把握学习结构这一点。

无论是教育还是学习，都有着极为深奥的结构，结果必然是以抽象的语言加以论述。并且，日本有一种潜在的认识，认为课外经验作为学习是非常重要的。这是造成有关大学教育讨论的含混不清，“理想”与现实之间始终存在差距的主要因素之一。为了克服这种模糊性，而采用具体的时间作为指标是有意义的。

在对学习行为进行结构性分析时，可以设想有两个重要的轴心。

第一，教学和学习的约束性。即教学，无论是在空间上，还是时间上，是把学生约束于某一个场所，而且在其背后，还有考试、学分的获得，以及大学规定的毕业条件等制度性的约束。但是，教学并不是就此结束，而是从这种直接的约束衍生出让学生在自己设定的场所和时间进行的学习。此外，还有一种完全独立于这种制度性教育而进行的学习。

第二，学习的目的。一方面，学习的目的是获得某些预先设定的知识和技能；另一方面，是不设定这样的具体学习目标，而是以通过各种形式的体验进行学习。此外，为了获得某些未知的知识而进行探索，这种过程本身也可以认为是一种重要的学习形式。

从这一角度，为了对学习的性质进行思考，将上述的“约束”对“自律”作为纵轴，“学习”对“探索・体验”作为横轴，将具体学习的形态在其中进行定位，如图 1－1 所示。图 1－1 将学生的学习行为分为三个层次进行考察。

（Ⅰ）“约束性学习”。基本上是在教师的监督下，在时间和空间约束的框架内进行的学习。具体讲这就是所谓的“教学”。然而，从其倾向性来看，一方面

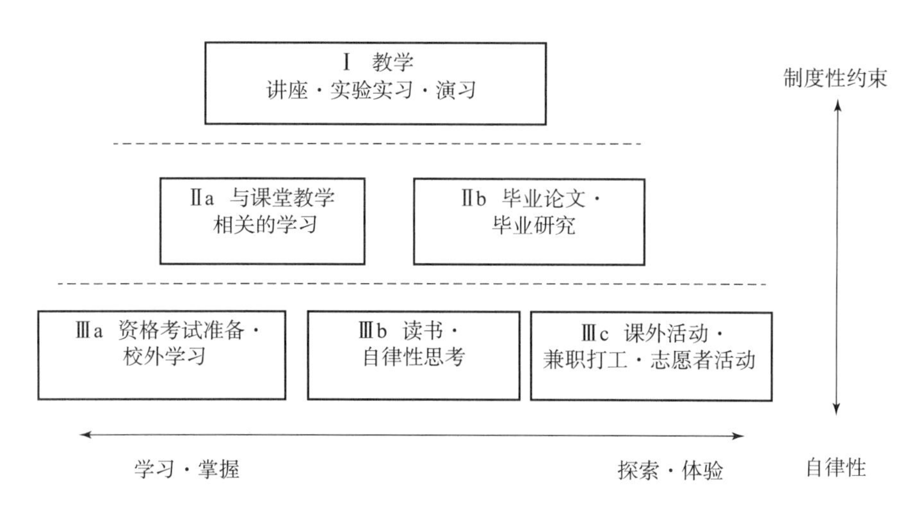

图1－1 学习时间

有以获取和学习一定的教育内容为目的，由教员进行“讲座”的形式，而与之相对，旨在体验和学习一系列的技术和方法的实验实习以及集体相互学习的演习，则处于对立的位置。

（Ⅱ）“自律性学习”。不直接受到时间和空间的约束，而是在大学有意图的教育框架内，由学生自己设定时间、地点、方法等来进行的自主学习。具体来讲：一方面，根据课堂上给出的课题进行学习，或预习和复习课程；另一方面，毕业论文、研究和实验被认为是日本大学某些专业领域的重要学习机会。

（Ⅲ）“自主性学习和活动”。与大学教育的意图无关，而且是在制度性限制之外进行的学习或活动。具体是为取得某些专业领域，如司法考试和医生国家考试等各种职业资格的准备，以及通过所谓的双重学校（double school）获得语言或职业资格的学习。或根据自己的兴趣进行阅读，以及课外活动，或各种志愿者活动，兼职工作。

3. 作为大学制度基础的学习时间

关注学习时间的另一个原因，是因为现在的大学教育制度本身是以学习时间为依据这一点。对此，有必要首先对教学（teaching）、学生的学习，以及作为其结果的毕业资格这三者之间的关系进行重新确认。

如序章中所述，中世纪大学是以教室中的授课，学生听课为主要内容的。因为印刷书籍很少，可以说听课本身就是学习。而学习的成果通过最终考试、论文、以及口试进行评定，从而获得学位。然而，对作为这一过程的学习，大学并没有进行直接的干预。

对此，洪堡模式的意义就在于：一方面，不是将讲座仅作为学生接受知识的过程，而是被定位为自主探索的契机（洪堡理念）；另一方面，是形成了教师和学生在共享时间和地点的同时探索知识的研讨会形式（洪堡型学习组织）。然而，大学毕业资格的获得，最终需要通过国家（职业）考试或者学位考试。

在博雅教育的传统中，牛津、剑桥大学的导师制（Tutorial）发挥了对讲座的补充功能。在美国，背诵（recitation），或以古典为媒介的讨论式教学具有诱导自主学习的功能。然而，这些基本上都是旨在学习预先设定的知识，并不是以探索功能为目的的。并且学位的取得取决于最终考试。

另外，美国从 19 世纪到 20 世纪形成的“学分制”，将毕业的条件分解成为各学习单位（module），与以前的传统有很大不同。其构成要素，是将授课和自律性学习进行组合，设置学分，通过累积规定的学分而达到毕业要求。同时，通过认可一定范围内的选择科目，达到容许学术多样性和学生自律性的目的。

第二次世界大战后，日本大学教育引入了这种制度，毕业资格被统一纳入美国式学分制的框架。然而，日本式的研讨会与“毕业论文、毕业研究”仍然保留了鼓励探索型学习的机制。使形式上的学分制，与在其他场合受到期待的探索型学习，作为一种双重结构存留下来，二者在性质上模糊不清。

然而，本来学分制，是将学习分解为结构模块（module），并将其与学习时间这一实体性的单位相对应，形成标准化的基本单位（Building Blocks）这样的大学教育的框架。依据大学设置基准，大学毕业要求获得 124 学分，而 1 学分需要 45 小时的学习时间。在这 45 小时中，上课以及演习的参与要达到 15 小时到

30 小时。实验、实习、实际操作要达到 30 小时到 45 小时。[①] 基本模式是，上课 15 小时，配合自习 30 小时，可获得 1 学分。

其依据大致如下，如果 124 个学分要求在四个学年每学年两个学期获得的话，那么一个学期就要求取得 15.5 个学分。如果 1 个学分要求学习 3 小时的话，那么就意味着一周的学习时间就要达到 46.5 小时。如果一周学习 6 天的话，则每天需要约 8 小时。也就是说，一个学期中，一天就要求学习 8 小时，用于学习的时间是按大致相当于一个工作人员同样的时间来设想的。

如上所述，在欧洲，是对毕业考试和论文制定严格的标准，而对学习过程的具体要求较少。然而，进入 21 世纪后，由于博罗尼亚进程需要提高欧盟国家之间的学位的兼容性，因此有必要将大学教育模块化，并形成了“欧洲学分转换系统”（European Credit Transfer and Accumulation System，ECTS）。

虽然其学分的具体定义与美国不同（1 美国学分 =2 ECTS 学分）[②]，假设一年的学习时间为 1 500 ~ 1 800 小时，如果学习期为每年 30 周，每周 6 天，则假定每天学习 8 ~ 10 小时（EU 2009：11）。欧洲各国的自行规定也与之大致相同（Annex 5）

因此，在国际上，每年约 30 周的学期中，每天学习约 8 小时正成为大学教育学习时间的标准。从学位国际通用性的角度来看，是否能够确保实质性的学习时间也成为一个重要的问题。

---

① 《大学设置基准》第 21 条 各教学科目的学分数由大学规定。

② 在规定上述学分数时，要求以 1 学分的教学科目需要具有 45 小时的学习内容来构成，并以此为标准，根据教学的方法，并考虑该教学的教育效果，课外必要学习等，依照以下标准进行学分的计算。

a. 关于讲座及演习，在 15 ~ 30 小时的范围内，由大学规定时间的教学组成，为 1 学分。

b. 关于实验、实习以及实践技能，在 30 ~ 45 小时由大学规定时间的教学组成，为 1 学分。但在艺术等领域，由个人指导的实际操作课程，可以依据大学规定时间的教学组成，为 1 学分。

第 32 条 毕业条件，要求在大学进行四年以上的学习，并取得高于 124 学分。

1.2 学习时间的现实

1. 平均学习时间

《大学生调查》将在校学习期间和休假期间分开，对一周的活动时间分不同类型进行了调查。从中计算出学期中每天平均的学习以及其他活动的时间，对调查回答者的数据偏差进行纠正，推算出为日本大学生的平均值（图 1－2）。①

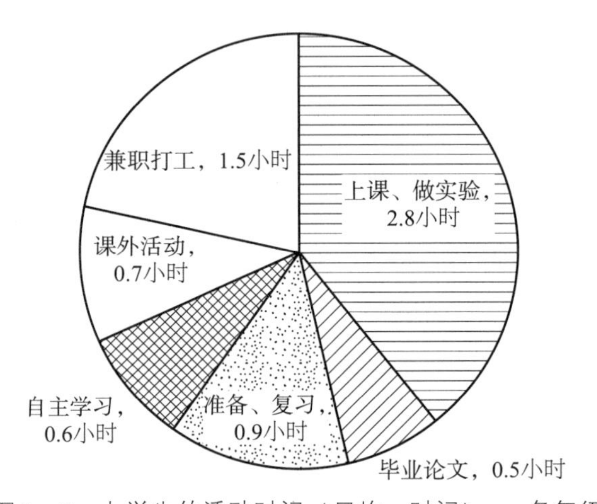

图 1－2 大学生的活动时间（日均・时间）——各年级

资料来源：《大学生调查》，标本数为 46 457；《学校基本调查》。请参阅正文注释。

从图 1－2 中可以看出，日本学生全年平均在“上课・做实验”等约束性学习上花费 2.8 小时，用于“毕业研究、实验・毕业论文”为 0.5 小时，“与教学相关的学习”为 0.9 小时。合计为 4.2 小时，无论是约束性还是自律性，在大学制度的框架内的学习时间一天只不过约 4 小时。

另外，在阅读等“与教学没有直接关系的学习”上花费的时间只有 0.6 小时。用于课外社团活动是 0.7 小时，而从事兼职工作打工则用 1.5 小时。值得注

① 从《大学生调查》中计算出各学部、国立、公立、私立的平均值，再将其用《学校基本调查》的分布权重（见附录）计算平均值。在计算平均值时，<31 小时以上>计算为 33 小时。调查中有一周的合计的提问，除以 6，算出每天均值。

意的是，以上这些合计起来也不过 7 小时左右，即使除去睡眠、饮食等生活所需的活动，有相当多的时间是花费在这些有意义和积极的活动之外的。

诚然，实际情况因专业领域而异（表 1－1）。一般来说保健（医学和齿科、药物等）、家政、艺术等专业领域，在授课、实习验等约束学习时间较长。特别是保健专业时间为 3.6 小时，较为突出。这也反映出此类职业资格所要求的学分数多，教学课程中要求的必修课多的情况。此外，在理学、工学农学等专业领域，花费在毕业论文、毕业实验上的时间较多。虽然这些活动通常在最终的一学年进行，四年平均下来为 2～3 小时，但是主要是集中在第四学年进行。如果将教学实验和毕业论文合计的话，理学、工学专业大约为 5 小时，几乎与保健专业相同。

表 1－1　大学生生活时间－分专业领域　　单位：小时

学科	制度内学习				制度外学习			总计
	教学实验	毕业论文·研究·实验	与教学相关的学习	合计	自主学习	课外活动	兼职·打工	
人文科学	2.7	0.8	0.9	4.4	0.6	0.7	1.6	7.3
社会科学	2.6	0.7	0.8	4.1	0.7	0.8	1.8	7.5
理学	2.6	2.9	1.1	6.6	0.7	0.7	1.1	9.1
工学	2.7	2.3	1.1	6.1	0.6	0.8	1.2	8.7
农学	2.6	2.9	1.0	6.5	0.7	0.9	1.0	9.1
保健	3.6	1.1	1.2	5.9	0.5	0.8	1.0	8.2
家政	3.1	0.7	1.0	4.8	0.4	0.4	1.4	7.0
教育	2.7	1.4	0.9	5.1	0.7	1.0	1.4	8.2
艺术	2.8	1.3	1.4	5.6	0.8	0.5	1.6	8.5

注：合计中包含“其他”“不明”。

资料来源：《大学生调查》，标本数为 46 637。

人文和社会科学专业，上课约需要 2.7 小时，几乎与其他专业相同。在毕业论文上花费的时间也比理科要少得多。也有很多大学原本就没有要求写毕业论文，这也在平均时间上显示出来。

约束性学习因专业领域不同而差异很大，这也反映在兼职、打工时间上。人文、社会科学学生平均每天的兼职、打工时间约为 2 小时，大大超过理科、以及保健相关学科。此外，合计以上活动的“活动时间”，人文、社会学科要比其他学科少了近 1 小时，换句话说，是有着很多空闲时间的生活方式。

尽管存在这些差异，但需要注意的是不管是任何专业领域，“与教学相关的学习”时间都仅为 1 小时。理科和保健相关学科，虽然由于教学约束时间比较长，但从自律性学习时间的角度来看，与其他专业领域并没有什么不同。这在“阅读等”自主性学习上也同样如此。不同专业领域在学习时间上的差异，主要是由于教学约束时间的不同。

2. 与设置标准的比较

应该如何评价上述学习时间的现状呢？一个视点是，是否达到了上述的作为大学制度基础的大学设置标准中对学习时间作出的要求。

根据《大学生调查》的数据，将教学、以及自律性学习（教学相关的学习、毕业论文・毕业研究）的平均时间，分三个学部系统进行了计算。同时，还计算了上述设置标准中的教学时间，以及与之相关的学习时间，并进行了对比（图 1-3）。毋庸赘言，学分和教学时间的关系虽然也因教学形式而有差异，但可以认为这种对比并不能说完全不相吻合的。

由此得以明确的是，上课时间几乎是和设置标准的要求是相符的。特别是如上所述，在保健、教育、家政、艺术等专业领域，学生上课的时间大大超过了设置标准的要求。

但是，自律性学习时间，则远远低于设置标准要求的水平。特别是人文、社会学科，即使加上毕业论文以及与教学相关的学习时间，一天平均也就 1.6 小时左右，还不及设置标准的 1/3。而理工农等学科，虽然由于在毕业论文、毕业研究、实验等时间较多，达到了 3.5 小时，但这只是设置标准要求的 2/3 的程度。而保健、教育、家政等专业则介于两者之间。

普遍突出的是，除了出席上课之外，“与教学相关的学习”时间较少，这在所有专业领域也只有 1 小时左右。换言之，从教学派生的自律性学习在任何专业领域都是非常低的。

这种自律性学习的不足，也与大学教员对学生的评价是一致的。在《大学教员调查》中，调查了大学教员对学生的学习欲求的评价。结果显示，回答“充分”和“大致充分”的比率在“上课出勤”一项上，所有专业都达到了约 80%。而在“与教学相关的学习”一项上，这一比例在人文、社会学科只有 40%，理工农学科仅为 50%，保健家政教育学科也只不过 60%。

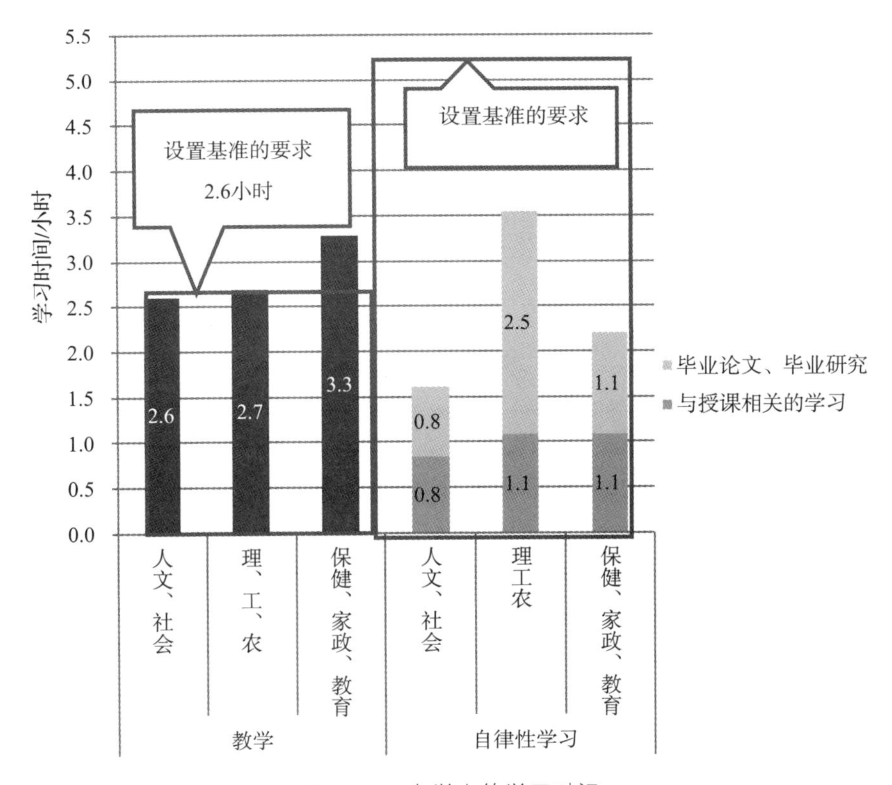

图 1－3　大学生的学习时间

资料来源：《大学生调查》，标本数为 46 637 人。设置标准要求，所有 124 学分，均由 1 小时的教学和 2 小时的与教学相关的学习构成，由此算出。

由此可知，即使下面介绍的教师对自律性学习的态度也有其局限性，但是也认识到学生自律性学习的不足。

3. 日本与美国比较

日本，与美国相比如何呢？日本的大学教育被批评为，与美国相比质量低下，或内容薄弱。然而，如果只看教学时间，日本的课堂教学的出席也基本与上述的设置标准一致，而且保健等学科还超出了标准。在美国，大幅度超出所要求的学分，出席课堂教学的情况也很少，因此，日美之间不可能有太大的差异。问题在于自律性的学习时间。

在美国，进行了一些大规模的学生调查，其中具有代表性的 NSSE（National Survey of Student Engagement，2007 年度调查样本数为 19 686 人），面向大学一年级和四年级学生，调查了“上课准备所需要”的时间。[①] 并且根据日本的《大学生调查》计算出了一年级的“与课堂教学相关的学习”时间，并修正了样本中各学部、设置类型分布的偏差，计算出了全国预测值（图 1－4）。[②]

从图 1－3 可以明显看出，日本大学一年级学生的自律性学习时间总量远远不及美国学生。日本学生有近 7 成每周的自律性学习时间为 5 小时以下，而美国学生则不满 20%。也就是说，日本的大部分学生每天的自律性学习时间不足 1 小时，而这样的学生在美国几乎属于例外。

此外，作为课外学习时间，计算出日本学生的“与教学相关的学习”“毕业论文、毕业研究”“与教学无关的学习”时间的总和，并将日、美两国的一年级和四年级学生分理科和文科进行计算（表 1－2）。结果显示，就一年级学生来看，日本学生的课外学习时间不足的倾向，即使分文理科看也没有大的变化。在美国，很明显，理科学生的学习时间比文科学生多。日本也有类似倾向。

---

① Preparing for class (studying, reading, writing, doing homework or lab work, analyzing data, rehearsing, and other academic activities). http://nsse.iub.edu/pdf/2007_Institutional_Report/NSSE2007GrandByCarnegie2005FY.pdf。

② 由《大学生调查》计算出各学部、国・公・私立的分布，并依据《学校基本调查》的学生数分布（参照附表），计算出全国预测值。此外，有关 NSSE 的数据，为抽样的平均。NSSE 和《全国大学生调查》之间的详细比较，请参照谷村、金子（2009）。

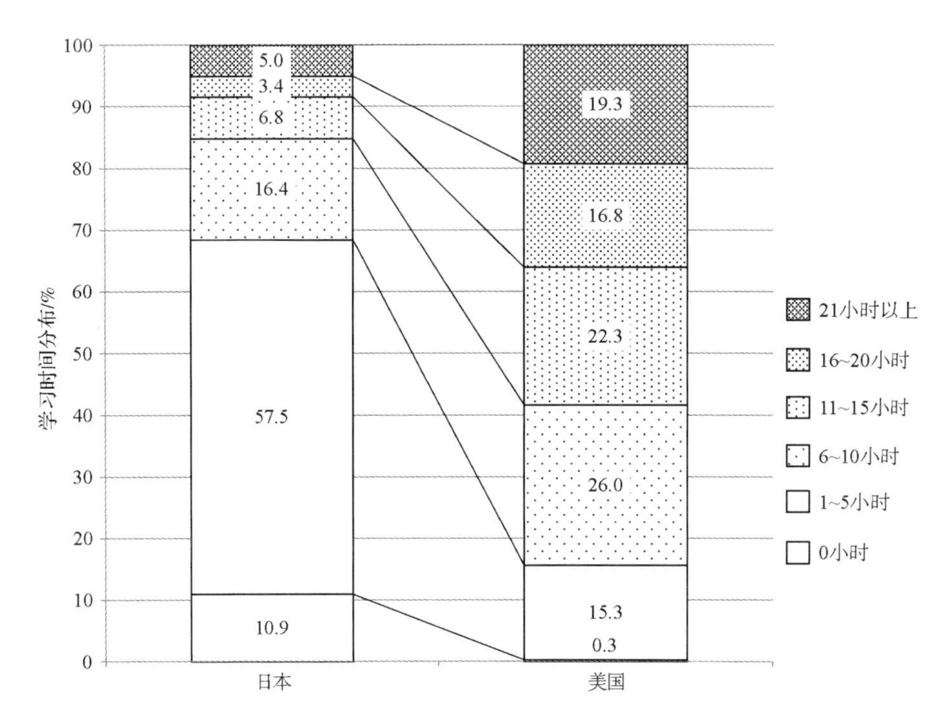

图 1-4　与教学相关的自律性学习时间（周均）的分布（%）——日本和美国的一年级学生

资料来源：由《大学生调查》及“NSSE 2007”算出。

表 1-2　日本与美国的课外学习时间——分学年、文理科（周均） 单位：%

学习时间/小时	一年级				四年级			
	文科		理科		文科		理科	
	日本	美国	日本	美国	日本	美国	日本	美国
0	10. 7	0. 3	2. 8	0. 2	7. 4	0. 3	0. 6	0. 3
1 ~ 10	60. 4	42. 6	63. 2	31. 3	49. 8	45. 6	17. 5	30. 5
11 ~ 20	17. 2	39. 3	22. 5	41. 4	20. 6	35. 4	21. 1	37. 4
21 ~ 30	6. 1	14. 2	7. 4	20	9. 7	13. 6	16. 6	20. 5
31 以上	5. 7	3. 7	4. 1	7. 2	12. 4	5. 1	44. 2	11. 3
合计	100	100	100	100	100	100	100	100

资料来源：由《大学生调查》及《NSSE 2007》计算出。

然而，我们可以看到，四年级日本学生的课外学习时间明显增加。特别是超过 31 小时的学生在文科当中超过了 10%，而理科学生则达到了 40% 以上。可以说，这与美国学生的学习时间，理科生从一年级到四年级没有变化，文科生略短的倾向相比，这是一个重要的区别。显然，日本大学在最后学年学习时间所占比重较大（表 1 –2）。

这反映了日本大学毕业论文、研究和实验，特别是在理科教育中占有重要的地位。并且，也反映出在文科，各种资格考试和国家考试考生的学习时间明显增长。诚然，这样在第四年的学习，在某种程度上弥补了自律性学习的不足，也成为日本大学教育的优势之一。

但是，如果从大学四年整体来看，日美之间还是有着显著的差异。虽然没有获得美国二年级和三年级学生的数据，但可以认为不会低于一年级的学习时间。日本二、三年级学生与教学相关的学习时间虽略有增加，但是没有太大的变化。综上考虑，计算出四年的平均学习时间，日本学生的学习时间和美国相比，文科要低于美国 30%，理科则低于 20%。

这表明，即使日本的教学要求学生出勤，但是并没有形成要求学生自律学习的制度结构。由于毕业论文和研究，可以说具有教育的集大成的意义，给人印象深刻，这使作为整体的大学教育的缺陷难以发现，但并不能弥补四年之间总的自律性学习时间的不足。由此可以重新认识到，美国的大学教育，在教学中为促进自律性的学习所进行的各种努力的意义。

1.3 “日本式学习”的局限性

1. 学习时间所显示的问题

从上述日本学习时间的现状可以看出什么问题呢？

第一，从制度的层面来看，很明显，日本的大学教育总体而言并没有达到大学设置标准所设想的学习时间总量。大学设置标准，基本上一年中学期为 30 周，是以与成年人工作时间大致相同的时间为前提设定的，而实际上日本学生的学习时间，平均略高于其 2/3 而已。

这意味着大学教育制度本身实际上并没有得到严格执行。并且，如果是这样的话，日本的大学教育也就没有达到国际水准。实际上，与美国相比，日本大学生的学习时间明显不足。关于欧洲，虽然不能说各国的实际状况未必符合这些标准，但即使按照欧洲标准，日本的大学教育也没有达到其标准。

第二，从不同类型的学习时间中可以明显看出，特别是与教学相关的自律性学习时间有限。相对于原来设定的教学时间 2 倍的自律性学习，但是实际上却不及教学时间的 1/2。诚然，在理工科毕业论文和研究在一定程度上弥补了这一不足，通观四年，自律性学习的不足是不可否认的。

这意味着学生自己对作为产物的学习成果，没有充分投入本应投入的时间资源。同时，通观四年的学习过程，在应该吸收基础知识，体验、修行的时期没有进行充分的自律学习的情况下，就在最终学年进行毕业论文和毕业研究等探索性学习了。通览四年的学习，从效率性上来讲也存在问题。

第三，这也给在大学教育所教授的知识和技能的性质带来了问题。如果大学的学习，是依赖于被动吸收课堂上的知识，而缺乏自主地学习和体验的自律和积极的过程，那么，所获得的能力，大概也不可能形成将其应用于新的知识和技能的态度。

上述论点表明，日本的高等教育，在理念、制度结构、以及大学的学习现状三者之间存在着严重的分歧。

2. “日本式学习”的局限性

第一，是日本大学教育的固有理念乃至偏见与现实的错位。关于日本的大学教育，曾经有人批评其存在的“休闲乐园”倾向，同时也有对简单的大学“中学化”持怀疑态度的意见。诚然，其中也包含了大学教育的重要问题，但另一方面，也不能忽视关于大学教育的讨论逐渐变得含混不清。

其论点是，大学生需要的是自主地对多样的价值观进行摸索和探究，为毕业后的人生做好准备，为了使之成为可能，可以说，休闲也是大学教育的重要组成部分，制度性的学习过程不应该过度强制实施。

这种观点，仅限于自主性探索的过程对学生的成长至关重要的主张，是正确的。然而，问题是，日本大学生是否实际上采取了这样的行动。根据《大学生调查》的结果，可以得知这只不过是一种幻想而已。完全脱离大学制约的“与教学无关的学习”平均每天只有 2/3 小时。而被认为空闲时间相对较多的人文、社会学科的学生也同样如此。

并且，如果这一时间包括准备职业资格考试和所谓第二学校所需要的时间的话，那么可以认为现实中的自主学习是极为有限的。此外，根据《大学生调查》，一个月中阅读与教学没有直接关系的书籍少于一册的学生达到了 60%。这说明了一个极为理所当然的事实，即闲暇时间不会自然而然的产生自主性的探索和学习。

现在的大学生大约有 40% 在进入大学时，对将来想做什么没有明确的设想。并且，在所谓的“教养”这一制度削弱的状况下，学生的兴趣多样化，很难自我产生将大量的时间用于理性探索的积极性。在自然科学领域，大学生的学习水平与尖端研究之间的差距大幅度扩大，科学兴趣难以促进学习。即使有潜在的求知好奇心，也不会付诸行动。

第二，还有观点认为，不只是学习教学科目，在社团活动、兼职打工中的社会体验也是极为重要的。就此而言，这也是正确的。问题在于，这在大学生的学习经验中占多大的比例。

如上所述，在学期期间，大学生在社团活动、兼职打工上所花费的时间每天平均超过 2 小时，是用于“与教学相关学习”时间的近两倍。而且这还是在每年为期 30 周的学期中。在假期，花费在社团活动、兼职打工上的时间更多。即使需要社会体验，在剩余的 20 周内也可以完全积累这些经验。

第三，毕业论文和研究的作用。许多大学教员自身从毕业论文和研究方面获得了很多经验。并且，事实上毕业论文和研究也给毕业生留下深刻的印象。在相对自由的框架下，体验自己设定题目进行探索研究，这不仅需要一定的努力和精力，同时也具有很高的教育意义。这已成为日本大学教育的优势之一。

必须认识到，其中也产生了严重的局限性。首先，并不是所有的学生都会在毕业论文和实验上花费时间。上述数据表明，理科有 40%、文科有 80% 的学生并没有被要求，或者在毕业论文上花费时间。

此外，毕业论文和研究制度之所以能够一成不变的保持下来，这在很大程度上是由于学生具备了基本素质，以及研究室中集体性非正式的指导。然而，作为这种指导基础的基本学术能力不仅正在下降，而且研究生也陷入了激烈的竞争中，不再积极从事这样的活动。如上所述，如果对之前的教育课程不加以充实的话，那么自然就不可能期望毕业论文和研究有较多的成就。

3. 大学教育的结构性课题

对于上述问题，或许有观点认为，是大学教育的普及化，使一些本来不具备接受大学教育素质的学生数量增加本身所引起的。

实际上，根据《高中生追踪调查》的数据，将高中三年级学生的学习时间按毕业后实际的去向分别进行计算，发现即使是升入大学的学生中，在高三时的学习时间未达到每天 1 小时的也近 40%。不得不说传统的所谓“应试学习”的形象已经大大崩溃。这些高中生到大学后不能自律性学习可以说是可想而知的。

此外，从《大学生调查》中，按高中三年级学习时间类型，计算出大学自律性学习时间的分布（表 1－3），发现两者之间的确存在一定的关联。

表 1－3　高中三年级的学习时间与大学自律性学习时间

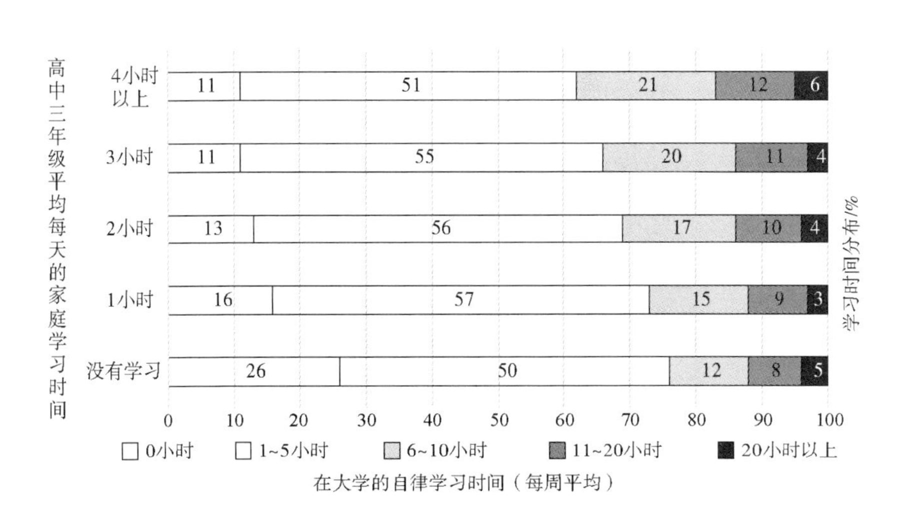

资料来源：《大学生调查》，标本数为 46 075。

高中三年级家庭学习时间为0的学生，升入大学后有70%以上，自律性学习时间（每周）不足6小时，也就是每天不足1小时。另外，在高中三年级的学习时间超过3小时以上学生的比例只有60%左右。

然而，这也表明，高中的家庭学习时间与大学自律性学习时间之间的关系是极其微弱的。高中三年级时，即使每天进行3小时以上的应试学习的学生，进入大学后，有60%以上自律性学习时间不足1小时。另外，也有在高中时虽然完全没有家庭学习时间的学生，在大学有近30%每周进行6小时以上的自律性学习。

这表明，与其说是高等教育的普及化，不如说是日本大学教育自身在结构上没有产生自律性学习的机制，这才是问题所在。进一步讲，在普及化之前的日本大学，也有学生是否真正自主或自律性学习的疑问。这只不过是一个推论，不知不觉被混同于现实，这种看法也并非没有道理。

本章分析的要点，归纳如下。

（1）日本大学生虽然课堂出勤率很高，但与教学相关的自律性学习时间较少，仅达到大学设置标准要求的30%~60%。特别是人文社会科学专业中，这种倾向更为显著，其他专业也很难说达到了标准。

（2）与美国相比，在大学一年级，日本学生的自律性学习时间每周少于5小时的近70%，远远高于美国的不足20%。

（3）日本大学生进入四年级后，在毕业论文和毕业研究上花费很多时间，这已成为日本学习的特点。然而，即使将其计算在内，通算四年的课外学习时间，日本学生与美国相比，文科少30%，在理科中也少了20%。

以上讨论表明，对大学教育的问题，现在需要将其作为日本大学教育的理念和现实的教学现状以及大学生的欲望和学习状况，这两者之间相互关系的基本结构问题，进行回顾和反思。这也是以下各章的研究课题。

第2章 授课

毋庸置疑，大学通过授课对学习产生最为直接的影响。本章将在2.1节梳理有关授课影响学习的基本理念；2.2节将以《大学教师调查》为基础，分析大学教师对授课所持有的理念；2.3节分析课程量与形式；2.4节分析教学方法及其对学习行为的效果。

2.1 教育作用的构造

首先，我们从概念上梳理一下大学教育是如何成立的（图2－1）。此处所谈到的大学教育，并非抽象的处于理想状态中的教育，而是指对学生产生实际影响的大学教育。

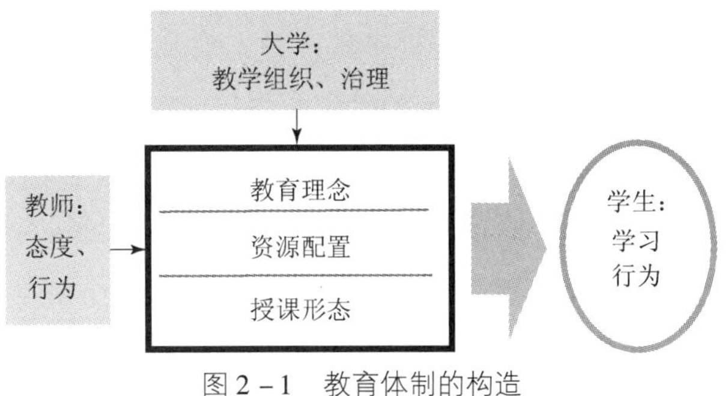

图2－1　教育体制的构造

教育的作用是受大学这一组织所制约的。大学在宣传教育理念，决定教学组织和教学课程的同时，还对教室、教学设施以及教职员工等资源进行配置。具体而言，决定教学课程并进行授课的是大学教师。因此，大学教师的态度和有关教学的行为会给大学教育的作用施加很大的影响。将大学整体这一大框架下的教育体制与作为其内容的教育实践联系在一起的是学科、教授会或者全校在教育层面上的决策。换言之，也就是教育层面上的治理。

在这种体制规定下的教育作用，可以分为三个层次。

第一是大学教育的“理念”。迄今为止，关于大学教育的理念，有过各种各样的哲学性讨论，特别是针对素质教育和专业教育的理念更是观点层出。另外，最近的大学政策也要求将作为大学教育理念的“教学计划编制原则”明确化。这些被抽象地演绎，并被条理化、明文化之后的理念，决定了大学具有普遍意义的存在方式，以及大学教育的影响范围。

事实上，承担教学课程、教学组织以及授课任务的是大学教师。为了进行授课，教师需要的并非上述高度抽象的条理化概念，而是构建教育内容并将这些内容有效传授给学生的策略。也就是说，关于学生的学习方式，以及在课堂上和学生的互动方式，教师是持有一定认知和信念的。

尽管这些认知和信念并未被条理化和明文化，但是通过教师之间的相互沟通，它们规定了具体教育方式的基调，这里称为隐性理念。这种隐性理念受制于各个专业的学术性质、以及各个教师的个人经验。因此，追根溯源的话，隐性理念形成于大学和专业发展史，或者传统。

第二是教育输入的配置。具体来说，就是课程科目的配置，以及对规定学生修习科目的“结构”设计。这种结构设计，基于以下两点考虑：一是专业领域的知识体系；二是大学的教育理念。另外，在提供一定授课内容的同时，也规定了诸如课程中必修、选修的范围之类的学习框架结构。在此基础上，进一步显示各门课程修习的步骤。[①]

同时，重要的还有实际上所获取的教育输入量和所接收的形式。具体来讲，要看教师以何种形式提供了何种程度的课堂教学、研讨课或实验课等。其中，尤为重

---

① 迄今为止，关于日本的大学教育，讨论最多的是教学计划的结构，其中尤其受到关注的是围绕通识教育和专业教育的问题（井门，1985；绢川，2006）。本书暂不就此问题展开讨论。

要的，是教师实际上以何种形式参与到教育过程中这一点。在这层意义上，教师人数和听课学生的规模，以及教师如何为教学分配时间等就成了重要的因素。

第三是各门课程在实际授课中的形态（practices）。授课，不仅指具体的知识内容，更是由授课安排、教师的讲授方式、对学生的要求等一起构成的。

大学授课的原型，是由教师传授专业知识，并加以解说的“课堂教学”形式。日本大学授课的一种典型方式，也是学生正确地记录教师口头讲述的讲义，将其记忆并消化后重现在考试过程中（潮木，1986）。尽管经过不断的反思，这种授课方式实际上正在发生显著的变化，但具体的变化过程尚不明了。

下面，从上述三层观点出发解析日本大学的授课特点。

2.2　潜在性理念和教育、学习模型

迄今为止，关于教师在大学中开展教育工作时一般所持有的具体理念，系统性的研究尚不多见。这是因为如前面所述，隐性理念几乎没有被理论化和明文化。因此，有必要先就教育理念设定一个假定模式，以此为基础，根据实证数据来分析教师的意识模型。

1. 教育理念的基本模式

为了研究前面所提及的教育理念，就需要设定一个框架。设定该框架所需要的线索，与其说已经被明确地讨论过，不如说只是在长期实践中获得了默认而已。从序章所谈到的大学教育的历史演变来看，教育理念中有三大主要模式。在此，从基本的知识价值、授课和学习的过程以及成果确认和动机形成等角度对其进行梳理（表2－1）。

第一，是源于高度职业教育的“习得”模式。这一模式的根本在于学完系统化、标准化的知识体系。与之相应，教学手段也被编排为最适合其发展的形式。由于目标知识体系实现了标准化，因此考试成为测试习得程度的有力手段，并且具有较高的可信度。特别是，当学习对象与职业高度相关时，对职业的期待就成了学习的动机。

表 2-1 教育、学习模式

模式	基本模式			归属组织模式
	习　得	过程控制	研　究	
知识价值	系统化的知识 职业上的要求	模块化的 教育课程	真理性探究 知识的价值	教师的研究
授课、学习的过程	系统化的授课	模块化考试 指导学习的工具	授课时的启发 对研究过程的参与	归属集团所组织的共同性学习
成果确认	获取学分的考试、国家考试	学分的获取	论文、小论文	毕业论文、研究等
动机形成	职业期待	严格的成绩管理	对知识的兴趣	人际关系（教师—学生、学生之间）

第二，是在理念层面继承了博雅教育的传统之后，又在美国经历了独特的发展历程，从而形成的“（学习）过程控制”模式。实施教学的一方深入细致地指导，并统管学生的学习过程，以期提高学习效果。这一模式将大学教育的内容模块化，并明确规定各个模块的具体目标课题。另外，为了辅助引导学习，教学实施方也会准备各式各样的工具。

第三，是源自洪堡教育思想的“研究”模式。对知识的探究过程，一方面能使学生获得更深层次的专业知识，同时也借此达到促进人格发展的目的。成为学习对象的知识是高度专业化的学术性知识，研究行为本身即为价值所在。授课就是通过展示这种探究知识的姿态，来触发学生对知识的兴趣。另一方面，学生通过加入科研团体，学习研究的态度和方法。

这三种基本模式，与专业领域有着很强的关联。

例如，在医学院系及保健相关院系、教育学院系、法学院系等与特定职业直接挂钩的院系，我们可以清楚地看到“习得”模式的影响。在医学院系，与职业直接相关的医学知识形成了明确的体系，同时规定教学课程也应与之相对应，并最终通过国家医师执业考试确认其专业水平。而且，学生也应以将来成为医师为目标而开展学习。此外，在法学院系中，在按照法学体系编制教学课程以及制定法科研究生院制度之前，司法考试在很长一段时间内起到了促进学习动机形成的作用。可以说，公务员考试和注册会计师资格证书考试也具有同样的功能。

在理学、文学等学术性较强的学科领域，研究型的教育学习模式对其教育理念有着很大的影响力。即便在工学和农学等以达成一定的实用性目标为目的的学科领域，也将参与研究过程视为重要因素。

另外，就过程控制模式而言，作为其制度框架的学分制是以第二次世界大战后实施的大学改革为契机，从美国导入的。但是，关于其教学方法的那一方面，却尚未被日本的大学充分吸收。

2. 作为日本特色的“归属组织模式”

我们认为，相对于以上这三种传统的基本模式，日本的大学教师形成了自己独特的教育理念。这种模式将洪堡式的研究模式与讲座制的组织原理相结合，教师和学生共同归属于讲座或研究室等小型组织，通过将各项教育功能与组织结合在一起而逐渐发展起来。

（1）作为授课和学习的根基，最受到重视的是研究室、研讨班这种“场域”。此处所说的授课与学习内容并非全都是教学计划内规定的科目，一般认为，在这种场合下，通过教师与学生，或研究生及本科生之间的日常人际交流，学生能够掌握专业领域知识或一些基本技能。换言之，学生通过“正统地依附参加”以教师为核心构成的集团，产生学习行为。

（2）尽管教学计划上的课程设置以掌握整个专业领域的系统性知识为目的，但是由于基础知识与技能的获取是在上述小团体中完成的，因而会在很大程度上受到课程负责教师所研究课题的制约。因此，课程对每一位学生所具有的意义并不明确，也就不具备严格检测学生掌握知识程度的正当性。

（3）作为教育过程的最终阶段，按规定要完成毕业论文、毕业研究、毕业实验。学生需要就一定课题进行自主学习，自行开展研究，并归纳总结研究成果。这其中大多数都是必修科目，所设定的学分也较多。在理科院系，也会有分担教师研究课题所需部分实验的做法。另外，在多数情况下，学生接受教师正式指导的机会较少，从属于小团体的其他学生或研究生的建议可以弥补这部分指导的不足。

日本大学中实际上开展的教育，究其原因就是上述三种基本模式和组织归属模式以各种形式进行的相互结合。尽管我们无法简单地统计各模式的实际分布情况，但是可以通过大学教师的相关回答对其进行探讨。

3. 大学教师眼中的教学目标

关于教师所看重的教学目标，《大学教师调查》要求被调查者就相关的数个题项，给出从“极其重要”到“不重要”的三档评价。根据调查结果，我们统计出了“极其重要”这一评价所占的比例（图 2－2）。

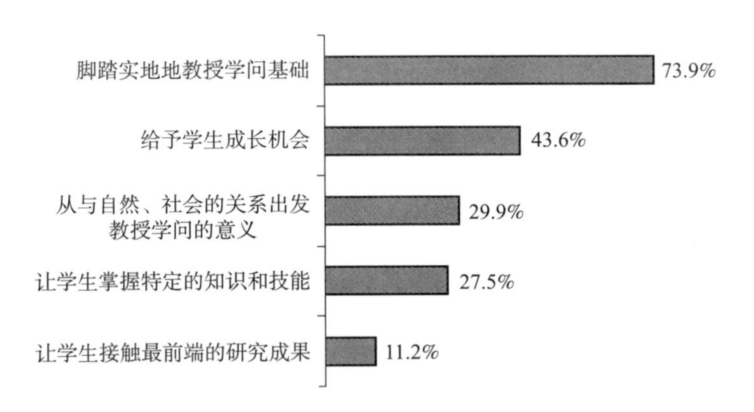

图 2－2　各教育目标中“极其重要”所占的比例（多项选择）

数据来源：依据《大学教师调查》所作的统计；样本数：5 192 人。

从图 2－2 中的统计结果来看，只有 10% 左右的教师认为“让学生接触最前端的研究成果”是“极其重要”的。可以看出，现在将经典的洪堡式研究主义视为目标的教师已为少数。

另外，有 30% 左右的教师认为“从与自然、社会的关系出发教授学问的意义”“让学生掌握特定的知识和技能”是“极其重要”的。由此可见，研究或者说习得主义还拥有一定的支持率。

但是，最受支持的是“脚踏实地地教授学问基础”，有70%以上的教师认为此项是“极其重要”的。另外，就“给予学生成长机会”，也有超过40%的教师认为是“极其重要”的。由此可见，教学目标的重点在于基础知识的掌握或人格成长的引导。

4. 教学方法

教学目标与他们对教学课程、教学方法之理想状态的看法有着怎样的关联呢？《大学教师调查》就教学课程的理想状态设置了几个项目，调查了教师眼中各个项目作为教学形式的重要程度，以及教师们对各个项目实际投入的精力。在此基础上，我们计算了各项目中认为其“非常重要”的教师比例，以及“投入了精力”的教师比例（图2－3）。

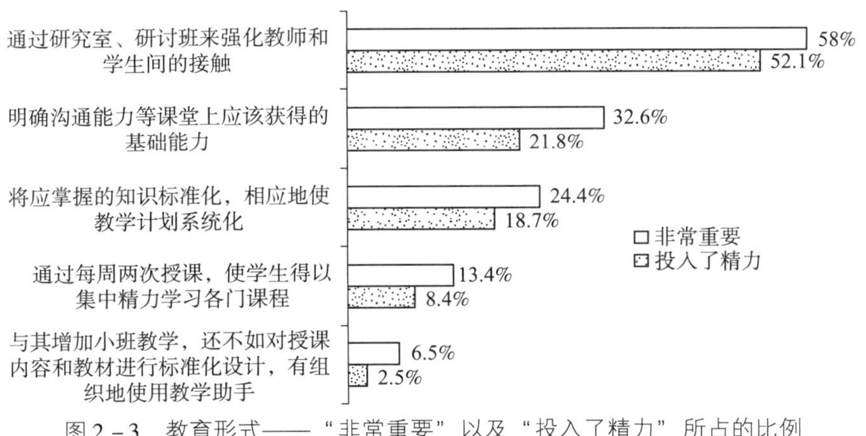

图2－3　教育形式——“非常重要”以及“投入了精力”所占的比例

数据来源：依据《大学教师调查》所作的统计；样本数：5 192人。

从图2－3中可以看出，日本的大学教师一般都极为重视小团体中的相互接触与学习。也就是说，关于“通过研究室、研讨班来强化教师和学生间的接触”这一点，有58%的受调查者认为是“非常重要”的。与此同时，有52%的受调查者事实上也“投入了精力”。

与此相对，就“与其增加小班教学，还不如对授课内容和教材进行标准化设计，有组织地使用教学助手”这一项目，我们得到的肯定回答较少，认为“非常重要”的占7%，“投入了精力”的只有3%。虽然图2-3中没有显示，但是认为其“不重要”的占36%，回答“没有进行”的高达63%。也就是说，极少有教师支持设计大中规模课程这一模式。

从以上这点可以看出，尽管日本的大多数大学教师认为教学的目标是让学生掌握基础知识和获得人格成长。但是，他们都抱有通过研究室中师生之间和学生之间的接触来实现这一目标的教育理念。也就是说，日本大学教师所持的隐性教育理念在本质上带有浓重的“归属组织”模式的色彩。

但是，在更为深入地分析数据后，我们发现，在大学教师中，也能够看到“（学习）过程控制”模式的倾向。对于上述各个调查项目，我们进一步将重要性回答的统计范围从“非常重要”扩大到涵盖“重要”的回答，实施状况的统计范围也从“正在进行”扩大到“一定程度上进行”，同时也计算了重要性和实施程度之间的差距（图2-4）。

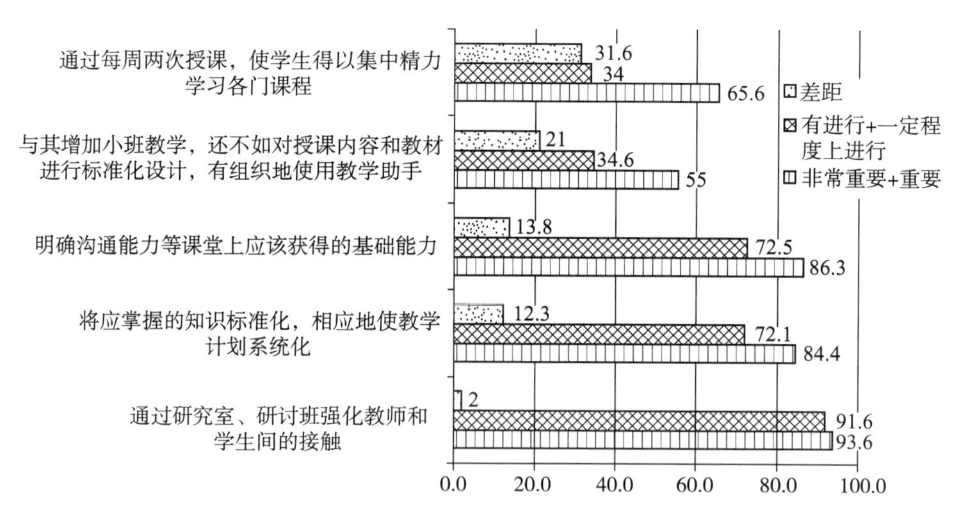

图2-4　教育形式——“重要性”和“实施程度”之间的差距

数据来源：依据《大学教师调查》所作的统计，样本数：5 192人。

从这个统计结果来看，有90%以上的教师认为小班教学“非常重要”或“重要”。另外，在小班教学的实践上，也有90%以上的教师回答说“正在进行”或“一定程度上进行”。我们从目标层面的重要性、实施过程中实际精力的投入状况这两点来看，都发现大学教师之间存在着基本共识。而且，教学目标和教学实践之间，几乎不存在落差。

另外，关于“明确沟通能力等课堂上应该获得的基础能力”“将应掌握的知识标准化，相应地使教学计划系统化”这两点，如果将统计范围扩大到“重要”的话，有80%的受调查者表示同意。如果从实际精力的投入方式这方面来看，统计范围扩大到“一定程度上进行”的话，支持率达到70%左右。也就是说，这两点的重要性也连带着获得了肯定，但是同时该重要性的认知和实践之间存在着一成以上的差距。

这种倾向，更为明显地体现在“与其增加小班教学，还不如对授课内容和教材进行标准化设计，有组织地使用教学助手”和“通过每周两次授课，使学生得以集中精力学习各门课程”这两个项目中。关于这两点，同样将“重要”纳入统计范围的话，有50%以上的教师认可其重要性。但如果看实践程度的话，即便包括“一定程度上进行”在内，也只达到20%～30%。由此可见，理想与现实之间有着非常大的鸿沟。

通过以上分析，可以明确以下三点：①日本的大学教师脱离了“通过最前沿的学术性刺激来启发学生”这一经典的洪堡主义理念，认为获取专业领域的基础知识是最重要的教学目标；②作为具体的教学方式，最为重视的是通过小团体来实现的教育功能；③虽然在一定程度上认同强化日常的课堂授课，但与现实和实践之间有着巨大的差距。

2.3 教育资源的量及其配置

大学教育的第二层，是教育资源的数量及其配置。目前，关于大学的教育资源水平，有教师人均承担学生数（*P/T* 比）之类的指标。但是，如果进一步深入研究的话，需要具体分析教学课程整体的结构、课程科目、课程配置、相应教师的配置、各位教师的授课以及课外时间分配等构造。

1. 教师人均承担学生数

首先，我们着眼于学生在接受教育方面最为明确的指标，即教师数和教师承担的课程数，通过这一指标来考察日本大学的教育特征。这些指标之间有如下关系①：

教师人均承担学生数 × 每学期所修课程数 = 教师承担课程数 × 每门课平均学生数

此处所说的“课程”，是指正常情况下每周授课一次，计 2 学分的课程。此公式意味着，假设根据大学设置标准，学生每学期所修课程数基本固定在 8 门课（16 学分）的话，“教师人均承担学生数”就会与“教师的教学承担（上课数）”和“课程规模（每门课程学生人数）”的组合相对应。假设教师上课数量一定的话，教师人均承担学生数和每门课程学生人数成正比。

实际上，围绕着大学教育所展开的各种讨论中，一直广受关注的就是教师人均承担学生数，它突出体现了日本大学教育的窘况。有些学者曾反复指出，这个问题带来了大课堂教学批量生产的弊害，也给教师增添了过重的负担。

毋庸置疑，在没有充足的财政保障的情况下，正是通过大课堂教学来消化不断增加的学生数，日本的高等教育才实现了大众化。在 20 世纪 60 年代至 70 年代，即日本大学的大扩张时期，学生数的增加速度远高于（专职）大学教师人数的增加，特别是在私立大学，教师人均承担学生数在 60 年代末达到了 30 多人。

但是，在此之后情况发生了巨大的变化。从 20 世纪 70 年代后期到 80 年代，尽管私立大学的学生数处于停滞状态，但是专职教师的数量稳步增加，从 1975 年的 4.2 万人增至 1990 年的 6.2 万人，增幅达到 1.5 倍（图 2－5）。到 1990 年，教师平均承担学生数（包括本科生和研究生）降至 24 人。在此基础上，私立大学的教师人数在上世纪 90 年代至本世纪最初 10 年之间大量增加，到 2011 年，教师数量已超过 10 万人。结果，专职教师平均承担学生数在 2011 年降至 21 人。

---

① 一般而言，每学期学生要取得的学分（需求）和被提供的学分（供给）之间有如下关系。需求：Ns · RQ；供给：Nt · CS · TL。这里 Ns 指学生数，RQ 指每学期所上课程数，Nt 为教师数，CS 为班级规模（每个班级学生数），TL 为教师每学期所承担的课程数。假设需求和供给一致，则 Ns · RQ = Nt · CS · TL，由此推算以下恒等式成立：（Ns/Nt） · RQ = CS · TL。例如，假设教师平均负责学生数（Ns/Nt）为 20 人，一学期所修学分数（RQ）为 8 门课（16 学分），教师负责课程数为 4 门的话，可推算平均课程规模为 40 人。

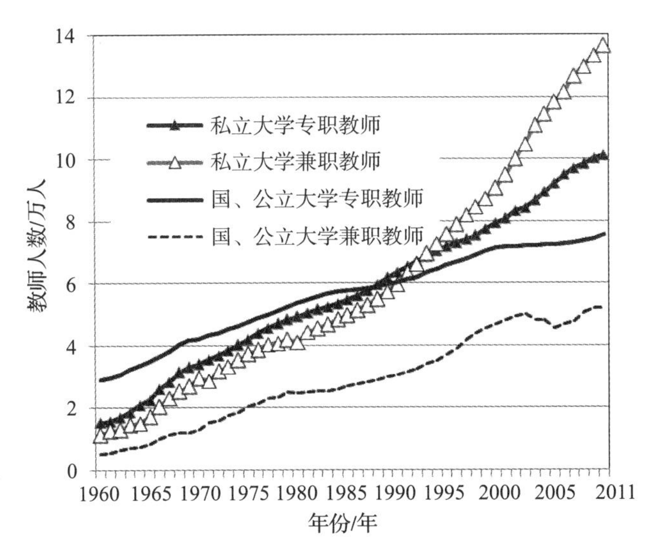

图2-5 1960—2011年大学教师人数

数据来源：各年度《学校基本调查》。

作为上述变化的背景，从上世纪70年代起，伴随着学费的上涨，私立大学的财务状况逐渐好转，各大学也越发关注教育环境的完善。在此期间，还涌现出一批新办的大学。由于这些大学严格遵守了大学设置标准，因此与已有大学相比，从教师人均承担的学生数量来看，所聘任的教师相对较多。

同时，在上世纪60年代，私立大学的兼职教师数量仅为专职教师数量的1/2左右，进入80年代以后兼职教师的人数激增，截至2011年约有14万人，已是专职教师的1.4倍。这一现象折射出的现实是，很多私立大学出于经营上的考量，在控制专职教师数量的同时，聘请了大量兼职教师。总之，将兼职教师也纳入考虑范围的话，我们可以认为日本大学的教师人均承担学生数得到了更进一步的改善。

经过以上的发展历程，日本大学的平均师生比得到了飞跃性的改善。为了考察其现状，我们分别推算了日本和美国在2010年前后的教师人均承担学生数（包括研究生）（表2-2）。美国的数据是在将各类学生数换算为全日制学生人数的基础上，试算出的专职教师人均承担学生数。另外，兼职教师也在被换算成全职教师后加入计算中。

表 2-2 教师人均承担学生数的试算——日本和美国（2010 年前后）

国别 \ 学生与教师		学生数/人		教师数/人		教师人均承担学生数/人	
		总计	全职换算	专职	兼职	专职（每人）	教师 FTE 换算（每人）
日本	国、公立	767 053		75 494	51 921	10.2	8.1
	私立	2 126 381		101 169	136 298	21	14.1
	合计	2 893 434		176 663	188 219	16.4	11.8
美国	州立	7 331 809	6 452 407	365 619	174 282	17.6	15.4
	私立	3 626 168	3 149 743	225 054	179 791	14	11.3
	合计	10 957 977	9 602 150	590 673	354 073	16.3	13.8

注：学生数中包括本科生、研究生。仅纳入四年制大学。美国的“私立”中不包括营利性大学。教师 FTE 换算方法：日本——依据 2010 年及 2004 年的学校教师调查，将专职教师的工作时间乘 0.36 后计算出兼职教师的工作时间。美国——依据“2004 National Survey on Postsecondary Faculty”，将上述比率设定为 0.30 进行推算。日本和美国的数据年份分别为 2010 年、2009 年。

数据来源：（日本）学生数及教师数源自《学校基本调查 2011 年速报》。（美国）Digest of Education Statistics 2010. Table 195，226，255。

根据这份数据，就大学整体而言，专职教师人均承担学生数都在 16 人左右，日本和美国之间并无决定性差异。如果只看日本私立大学的话，人均承担学生数为 21 人，这是一个相当大的一个数字。但是，与美国州立大学的 18 人相比，并不能认为两者之间有决定性的巨大差距。在进一步加入兼职教师的数据进行试算之后，我们可以获知，日本的教师人均承担学生数反而更少。

另外，与经合组织各成员国相比，日本专职教师人均承担学生数 16 人虽高于德国的 12 人，但与法国的 16 人、英国的 17 人、以及经合组织的各成员国平均数 16 人相比，也并无太大差异。①

① OECD. Education at a Glance 2010：Table D2.2“第三阶段教育（包括所有高等教育－短期教育机构）”的平均值。

特别是在与美国做比较时，我们需要注意到教育环境的差异。例如，在日本，教学和科研的辅助人员在数量上相对较少。但是，至少针对这些有关教师数量的见解，需要重新进行考量，因为迄今为止人们将日本大学教育的质量问题单纯归结于教师人均承担学生数较多，或者是导致这一问题的财政窘迫。

2. 教师的负担和授课形式

在此，我们重新审视一下前面的恒等式，就会发现，即使教师人均承担学生数相同，但是教师所承担的课程数和班级平均学生数是呈反比关系的。那么，日本的教师们究竟是如何安排课程数和教师人均承担学生数的呢？

为了获取这一数据，我们根据《大学教师调查》计算出了教师每学期人均承担的课程数量，如图 2－6 所示。由图可以看出，日本大学教师所承担的课程数具体如下：人文社会教育学科为 8 次课，理工农学科为 9 次课，健康相关学科为7 次课。在理工农学科，私立大学教师承担的课程数虽然稍多，但从总体来看，国公立大学和私立大学之间的差异并不大。在人文社会教育学科，国、公立大学教师承担的课程甚至多于私立大学。

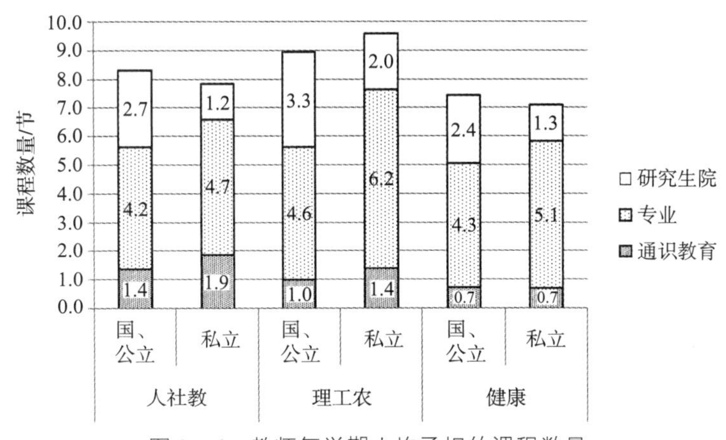

图 2－6　教师每学期人均承担的课程数量

注：统计中除去了课程数为 0 以及课程数在 20 以上的问卷数据。

数据来源：依据《大学教师调查》所作的统计，样本数：5 061 人。

另外，教师所承担的研究生课程普遍较多。特别是在国、公立大学，教师们承担了相当多的研究生课程，人文社会教育学科为 2.7 次，理工农学科达到了

3.3次。不过，即使是私立大学，教师所承担的研究生课程也为数不少。

如上所述，日本的大学教师一般每周承担8节课左右，按照1节课1.5小时计算的话，每周授课约12小时。与此相比，在美国，根据2003年的调查，每位教师平均承担2.5节课，每周平均授课时间为9.4小时。① 因此，可以推断，按照这个数据，日本大学教师和美国大学教师相比，教学负担要多将近30%。

但是，这一数据并非意味着日本大学教师的实际教学负担重于美国大学教师。图2－7将日本大学教师学期中每天的工作时间和美国大学教师进行了对比。

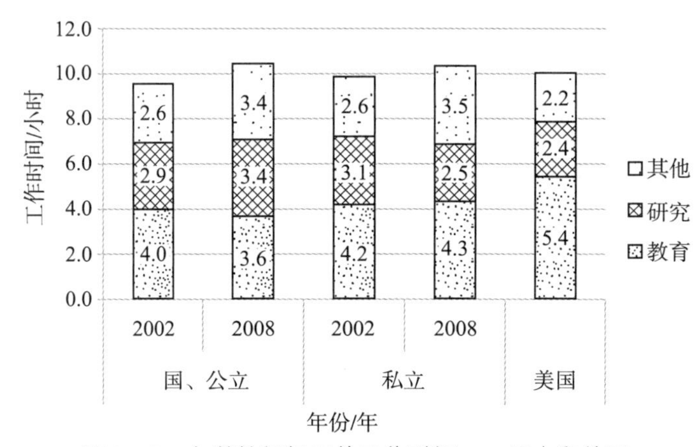

图2－7 大学教师每天的工作时间——日本和美国

注：日本的数据为“教学周的工作时间”。在日本2008年的数据中，“其他”类不包含“广义上的研究活动”。

数据来源：（日本）根据“文部科学省《关于大学等机构中全职换算数据的调查》平成14年第5表及平成20年第4表（1）”算出。将“全年（假设为52周×5天）总工作时间”换算成每天的量。（美国）Digest of Education Statistics 2009：Table 261. 数据源自 National Center for Education Statistics，2004 National Study of Postsecondary Faculty. 仅纳入四年制大学，且将每周（一周工作5天）的工作时间换算成每天的量。

从这份数据中可以明显看出，尽管日本大学教师平均每天有约10小时用于处理大学中的各项工作，但其中用于教学的时间仅限于4小时左右。在美国，教师的工作时间虽然相同，但用于教学的时间为5.4小时，比日本大学教师多出

① U. S. Department of Education，2004 National Study of Postsecondary Faculty.（2005）Table21. 承担的课程时间数取自同一调查的分析系统。计算平均课程时间时，排除了完全不承担课程的教师。

1 小时以上。另外，比较日本 2002 年和 2008 年的调查数据可知，教师的工作时间虽然延长了，但花费在教学上的时间却没有变化。

因此，尽管日本的大学教师承担了 8 节课（包括研究生课程），但是每天花在教学上的时间仅有 4 小时左右。美国大学老师虽然只承担 4 节课，但是平均花费 5 小时以上。再对花费在每节课上的时间进行概算的话，日本大学是 2.5 小时左右，美国大学则有 6.2 小时之多。[①] 日本大学教师花费在每次课上的时间，还不到美国大学教师的 1/2。

将上述事实与日本学生自主学习时间只是美国学生的 2/3 这一情况结合起来看的话，在日本的大学里，教师和学生双方在每个学分上所投入的时间，都远低于美国大学。如上所述，在日本的大学里，学生为每次课所花费的自主学习时间较少，与其相应，除授课时间外教师花费在教学上的时间也较少。

如此看来，在日本的大学，尽管教师所承担的课程数量较多，但采取了减少每节课所花费时间的模式。那么，为何会形成这种模式呢？

根据前面的数据，我们仅以本科生课程为对象，观察各种形式教学负担分布的话（图 2－8），可发现教师所承担的课程数共 6 节课左右，其中讲授型教学课程在 3 次课左右。这个数值在人文社会教育类、理工农类、医疗保健类等各类学科中都是相同的。

与此相对，占据较大比例的是“讨论课、研讨课”，或“论文、研究指导”。在人文社会教育类学科，在国、公立大学教师人均承担的 5.7 节课中，此类课程有 2.4 节课，而私立大学教师人均承担的 6.5 节课中，此类课程达 2.7 节课，相当于教师所承担课程的 40% 以上。同样，即便在理工农类学科中，也有 2 节课以上属于上述两种课程。另外，在医疗保健类学科，尽管教师承担的“实验、实习”课程较多，但仍有 1 节课以上用于研讨课和研究指导。

根据上述情况，我们可以认为，在各个专业领域，研讨课和论文指导这类小规模指导在教学负担中所占的比例较大。可以说，这反映了日本大学教育的一大特征。像这样开设小规模课程，必然带来学生无法修满所需学分的结果，从而导

---

① 计算方式，日本：（4 小时 ×5 天）÷8 节 =2.5 小时，美国：（5 小时 ×5 天）÷4 节 =6.2 小时。

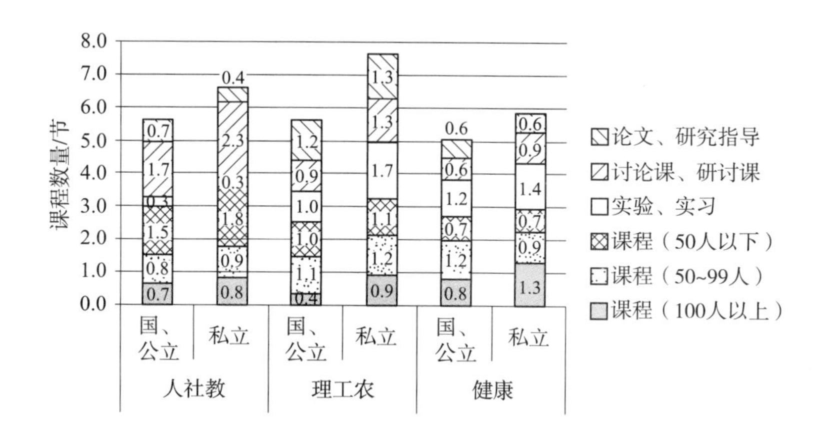

图 2－8　各种形式的教学负担——本科生课程

数据来源：依据《大学教师调查》所作的统计，样本数：5 061 人。

致教师必须另外开设一定数量的讲授型课程。这些讲授型课程的学生数量势必庞大，于是就使教师感受到沉重的教学负担。

3. 时间分配的背景

可以认为，这种倾向与前文中所述有关教育的潜在理念是联系在一起的。也就是说，除了法学和医学类等与职业资格直接挂钩的学科领域之外，根据源于洪堡理念的教育传统，日本大学普遍认为，研讨课和研究室这种小规模教学形式更应该承担起重要的职能。为此，日本大学往往开设很多小规模的研讨课，而教师所承担的课程数也随之增加。

但是，从时间分配的角度来看的话，尽管论文和研究指导等占有一定的课时数。但在很多情况下，课程实质上是不定期进行的，占用的时间并不算多。另外，尽管教师出席参与研讨课，但课程的实际形式是以学生发表为主体的，教师的负担并不重。从这一层面来看，可以认为小规模教学给教师增添的负担要比表面上所看到的小很多。

另外，在研讨课之外的一般课程上，日本的大学教师在备课、批改作业、出考卷以及一般意义上的课程运营上所花费的时间少于美国大学教师。日本的大学教师不会要求学生在课堂之外，围绕着课程内容开展更多的自主性学习，这一点也与上述情况有一定关联。实际上，通过《大学教师调查》可以获知，在一个科目上，1/2以上的教师只要求学生每周进行1小时以内的自主学习。①

4. 学生的学习经历

从学生的角度来看，他们是如何获取教育资源的呢？根据《大学生调查》的数据，我们按照不同的授课形式对学生所修得的学分进行了分类（图2－9）。据此，从学生的受教育经验这一角度来看，绝大多数的学分显然来自普通课程（讲授型课程）。在学生所修得的学分中，有1/2来自50人以上的大课堂讲授型课程，若把50人以下的讲授型课程计算在内的话，占比几乎达到80%。与此相比，通过参加研讨课、论文指导等课程所取得的学分只占10%左右。

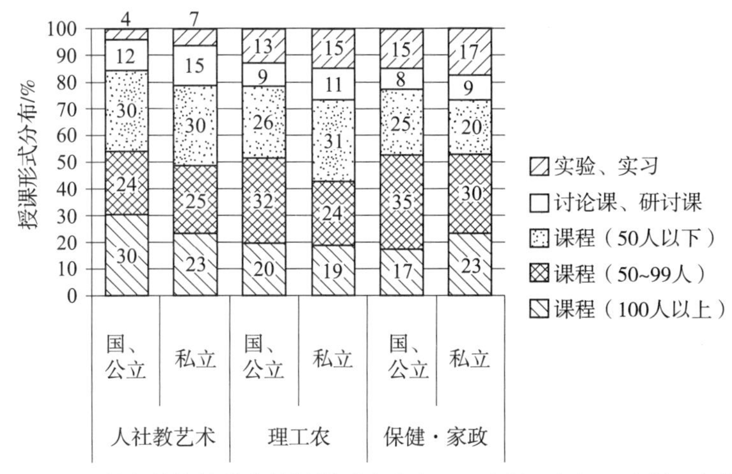

图2－9 学生所修得学分的授课形式分布——大学一年级至大学三年级

数据来源：《大学生调查》，样本数：36 243人。

从课程量的供给（教师方）与需求（学生方）来考虑，这一结果可以说是理所当然的。从教师的角度来看，尽管他们将很多教学时间投入到讨论课、研讨课上，但由于讨论课、研讨课的参加人数有限，因此从学生角度来看，在这些课

① 《大学教师调查》问题9："在老师负责的代表性科目中"，"请问您希望学生每周花多少时间来进行预习和复习呢"这个问题的回答中，"不需要"占13%，"1小时"占44%，"2小时"占27%，"3小时以上"为15%。

程中可获取的学分也是有限的。结果，学生所取得的大部分学分也势必只能来自于讲授型课程，尤其是50人以上的大课堂。

所获学分的分布，并不能直接体现学生学习经历本身的分布。很显然，与其相对应的学分相比，讨论课、研讨课以及论文指导可能会带来更多的学习量。从学习质量的角度来看，讨论课、研讨课和论文指导通过与教师教学相长的相互作用，很可能会给学生带来深层次的学习经历。下面也将提到，日本大学普遍信任这种教学效果。但即便如此，构成学生学习经历的主要部分依然是讲授型课程(大课堂教学)。

综上所述，即便每个教师负责的学生数减少了，但是由于教师增设了小规模研讨课，以及在研究生院承担的课程增多，就算保留了大规模的讲授型课程，每个教师所承担的课程数也无法得到减轻。作为其结果，教师在各门课程中投入时间较少的状况并未得到改观。

2.4 教学实践与效果

决定教学所起作用的不仅是课程的数量和形式，各门课程对学生具体施加何种影响，即教学实践无疑也是非常重要的。

1. 教学改善的现状

60年前，日本的大学授课形式，曾被批判为“不过是教授将其学识填充给学生，丝毫不考虑学生的兴趣与关注点，学生将知识记录下来，复制到考卷上而已”(大学基准协会，1951)。很难说这种授课形式在此之后有了很大改观，但是，在反省这种授课形式的基础上，教师们也一直在探索新的授课方式。大体上，可将上述变化分为三种指向进行分析。

(1)“管理指向”。教师单向式授课，对学生的自主学习不予干涉，通过期末考试来检测教学成果，这是日本大学的传统模式。对这种模式最为简单明了的修正，是严格管理学生的出勤，或者在期末考试之外，导入期中考试、以及要求学生提交报告等方式。可以说，这种做法是以最为简易的形式移植美国的大学教育模式。

（2）“诱导指向”。也就是说，改变严格按照学术逻辑或教学计划要求进行授课这一传统模式，通过诱导学生产生兴趣，或在考虑学生理解程度的基础上，进行浅显易懂的讲解，由此加以改善。而且，特别是在理科类专业，为了帮助学生更好地消化理解，投入助教（TA）对学生进行辅助性指导的做法也属于此类改革。

（3）“参与指向”。在传统的讲授型教学中，大家重视的是教师的讲课内容优良与否，学生和教师之间的意见交换是通过研讨班或研究室这种非正式团体来实现的。但是，在讲授型教学中，通过各种办法促进学生的课堂参与也并非不可能。在课堂上让学生发表自己的意见和看法，或者要求学生进行分组讨论，并在课堂上汇报讨论结果，还有对试卷和报告标注评语后返还给学生等，这些方法都是可以利用的。

这些新的教学形式，在日本高校中的普及率实际到底达到多少呢？《大学生调查》中，也询问了这几种授课形式的普及程度。[①] 其结果显示在图2-10中。

观察这组数据，我们首先可以明确获知，第一种管理指向教学改革的普及率是相当高的。有关“重视出勤”“期末考试之外，还有其他小测试和报告之类的作业”这两点，将“常有”和“有一些”两个选项合起来的话，几乎达到90%左右。在这层意义上，我们能够看到传统的放任式教学形式有所萎缩。但换言之，也可以认为这种形式的教学改革是最容易实施的。

另外，也可以看到，第二种诱导指向的教学改革也取得了一定的进展。关于“想办法让学生更容易理解”和“想办法让学生对授课内容产生浓厚兴趣”的课程，有60%左右的受访者回答“常有”和“有一些”。但是，即使这种可以说是理所当然的改进努力，仍有超过30%的学生认为“不太有”或“几乎没有”，这也说明这种改革还未充分开展。

---

① 问卷中所设的项目如下。有关管理指向为“重视出勤”“期末考试之外，还有其他小测试和报告之类的作业”；有关诱导指向为“想办法让学生对授课内容产生浓厚兴趣”“想办法让学生更容易理解”“有助教（TA）等担任的辅助性指导”；有关参与指向为“教师在给予适当的评语后发还有关课题研究等的作业”“课堂上可以发表自己的意见和看法”“有小组讨论一类的学生参与机会”。

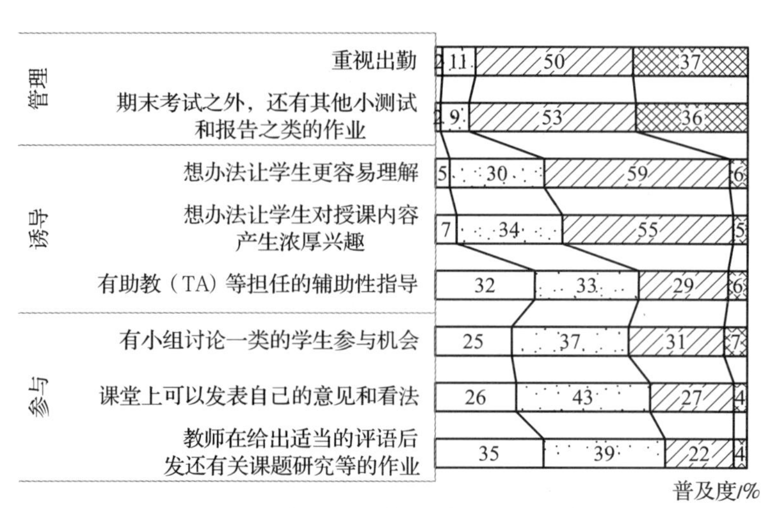

图 2－10　教学方法的普及度

数据来源：根据《大学生调查》算出，样本数：47 625 人。

与此相比，第三种参与指向的课程还仅限于很小范围。关于“有小组讨论一类的学生参与机会”和“课堂上可以发表自己的意见和看法”的课程，回答“常有”的学生只有不到 10%，几乎可以将其看作是例外。进一步将“有一些”统计在内的话，也仅有 30% 左右。并且有 2/3 的学生几乎从未上过这样的课。

关于“教师在给出适当的评语后发还有关课题研究等的作业”这一项，即便包括回答“有一些”的学生在内也未达到 30%，而回答“几乎没有”的学生则超过 1/3。作为一种教学方法这并不难做到，但却未被很好地付诸实践。

另外，在《大学教师调查》中，也对教师提出了几乎同样的问题，选项分别为“投入了精力”“某种程度上投入了精力”“没有实施过”三项。从结果来看，我们发现在各种教学方法的项目上，回答的分布与前文所述的倾向几乎相同。特别是针对“分组活动”“要求学生发表意见与看法”“返还评语”等项目，回答“投入了精力”的教师仅占 20% 左右，与学生调查的结果取得一致。很显然，参与型的授课方式尚未得到普及。①

如果按照不同专业领域和所属高校进行统计，也可以看到和上述结果几乎相同的倾向。但是，关于“课堂上要求学生发表意见”这一点，理工农科所占的比重较小，特别是在高水平大学中，这一倾向更为突出。另外，在关于“提高学生对课程的兴趣”这一项中，也可以看到几乎同样的倾向。这反映出，在这些学科领域，特别是在研究型大学中，有着更重视知识理论系统性的倾向。

2. 效果

在对学生学习所产生的影响方面，这些授课方法究竟能发挥多大功效呢？按照浦田（2009）的方法，以《大学生调查》为基础，抽取其中针对特定授课形式回答了“常有”和“有一些”的学生，将这些学生的自主学习时间（与课程相关的学习时间）与其他学生进行比较，考察两者在每周学习时间上的具体差别，并按照专业领域分类，将显著性较强的统计结果列在表2－3中。

表2－3 教学方法的改善对学生自主学习时间（每周）的影响

专业领域	管理/小时		诱导/小时			参与/小时			样本数/人
	重视出勤	小测验和学习报告	想办法让学生更容易理解	提高学生对课程的兴趣	通过助教（TA）等担任的辅助性指导	分组活动	课堂上让学生发表意见	对课题研究给出评语	
全学科	－0.5	0.5	0.7	0.1	1	1.1	1.1	1.7	46 105
人文		0.6	0.8	1	1	1.1	1.2	1.4	6 477
社会	－0.6	0	0.6	1	1.1	1.6	1.9	2	11 557
工学		0.6	0.6	0.7	0.5	0.9	1.2	1.5	7 169

① 教师<投入了精力>的项目：“重视出勤”占51%，“小测验和学习报告”占47%，“提高学生对课程的兴趣”占64%，“通过助教（TA）等担任的辅助性指导”占5%，“课堂上让学生发表意见”占24%，“分组活动”占18%，“对课题研究给出评语”占22%。

续表

专业领域	管理/小时		诱导/小时			参与/小时			样本数/人
	重视出勤	小测验和学习报告	想办法让学生更容易理解	提高学生对课程的兴趣	通过助教（TA）等担任的辅助性指导	分组活动	课堂上让学生发表意见	对课题研究给出评语	
理学	-1.1		0.8	0.9					1 774
农学		1.1				1.4	2	1.9	1 346
教育	-1.3		1	1.2		0.8	1.1	1.2	1 483
家政	-1.3	1.1	0.9	1.4	0.8	0.7		1.1	2 023
艺术					1.1	1.8	1.5	1.8	661
保健		1.2	0.6	1	0.9	0.8	1.3	1.5	4 873

注：数值为针对特定授课形式回答了“常有”和“有一些”的学生与其他学生每周的课程相关学习时间的差值。仅显示显著性水平达到95%以上的各项。全学科包含“专业领域分类、其他”。

数据来源：根据《大学生调查》计算所得。

根据统计结果我们发现，教学实践的形态与学生的自主学习时间有重要关联。但需要注意的是，各种教学实践未必总能带来原先所期待的结果。

管理指向教学方法之中，重视上课出席率这一措施尽管在部分专业领域显著性水平较低，但在所有专业中都呈现出与期待相反的负面效果。然而，此结果也可能只是反映出，在学习意识整体较为低下的大学，有必要强制学生到校听课。为了验证这一点，在控制了大学入学难易度的前提下再次进行了分析，但是结果几乎没有变化。

另外，统计结果表明，小测验和报告在增加学习时间方面是有效的。但是这一做法实际上就是强制学生在家进行学习，因此产生一定效果也是理所当然的。而且，与其他手段相比，我们或许应该认为其效果低于预期。

与此相比，诱导型教学方法虽然本身并未强制学生进行学习，但在增加学习时间方面却有明显的效果。特别是“想办法让学生更容易理解”和“提高学生对课程的兴趣”这两点，在除农学和艺术之外的其他所有专业领域，都能够使学生每周的自主学习时间增加 1 小时左右。另外，通过助教（TA）进行辅助指导的课程也如前所述，尽管实施率尚低，但却在增加学习时间上有明显的效果，特别是在人文社会学科因其效果显著而受到广泛关注。

在增加学习时间方面，效果更为明显的是参与型课程。在普遍导入“分组活动”“课堂上让学生发表意见”等教学方法的大学，学生每周的学习时间比其他大学多 1 小时左右。另外，特别值得关注的是教师把对考试或学习报告所做的评语反馈给学生这一做法，它能够增加 2 小时左右的学习时间。而且，该效果几乎在除理科之外的其他所有学科中有所显现。

另外，在第 3 章将介绍，对于听课意愿不高的大学生，参与型教学方法也具有显著的效果。

以上的分析表明，增加学习时间的关键在于如何将学生“拉进”课堂中。由此，我们联想到，美国也有学者指出形式上的严格只会使学生陷入萎靡状态，从而诱发辍学现象，为了克服这一问题，学生参与（involvement，engagement）这一概念受到了重视。

3. 教学方法的普及度和效果之间的差距

上述教学方法的效果推定值和前文所述（图 2 - 10）的教学方法普及度之间存在着很大的差异。换言之，普及度高的教学方法，效果未必就好。

更进一步说，教学方法的普及度和学生所期待的教学方法之间也存在着差异。图 2 - 11 将不同教学方法的效果推定值（表 2 - 3 的所有学科平均）用柱状图（左侧坐标轴）表示，将各种教学方法的普及度（《大学生调查》中“常有”和“有一些”的合计）、学生认为的重要度（《大学生调查》中“非常重要”和“重要”的合计）以及教师认为的有效性（《大学教师调查》中“非常有效”所占的比例）用线状图（右侧坐标轴）进行了展示。

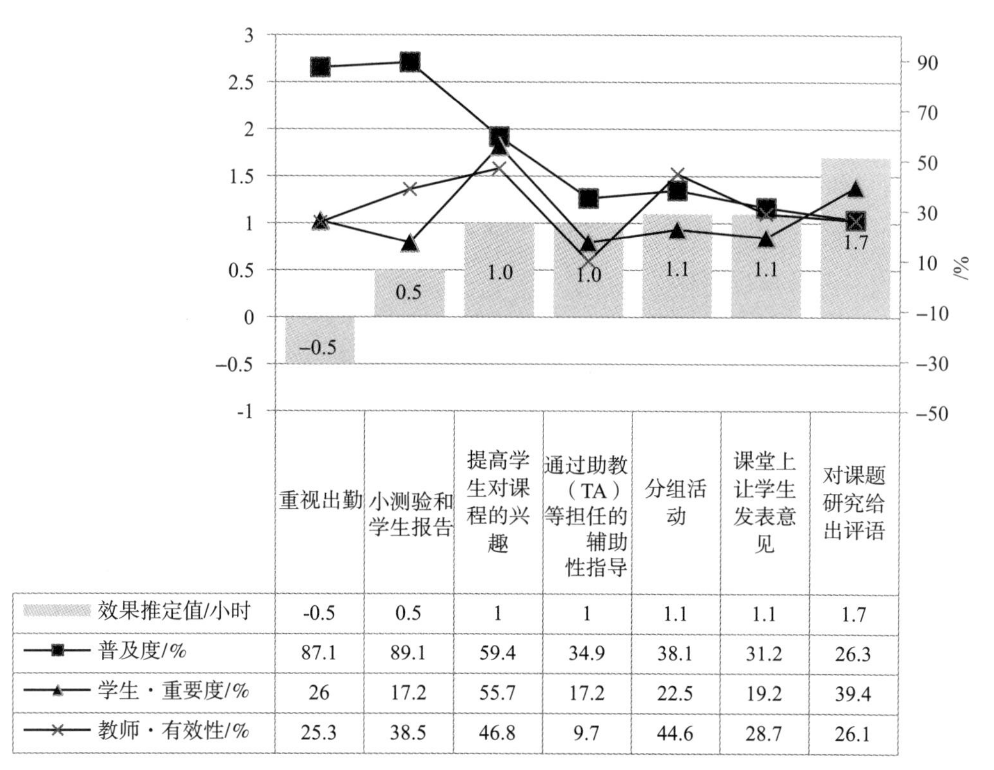

	重视出勤	小测验和学生报告	提高学生对课程的兴趣	通过助教（TA）等担任的辅助性指导	分组活动	课堂上让学生发表意见	对课题研究给出评语
效果推定值/小时	-0.5	0.5	1	1	1.1	1.1	1.7
普及度/%	87.1	89.1	59.4	34.9	38.1	31.2	26.3
学生·重要度/%	26	17.2	55.7	17.2	22.5	19.2	39.4
教师·有效性/%	25.3	38.5	46.8	9.7	44.6	28.7	26.1

图 2－11 教学方法的效果推定值和普及度、学生认为的重要度、教师认为的有效性

数据来源：根据《大学生调查》《大学教师调查》计算出。

在此，首先得到明确的是，普及度较高的教学方法效果普遍较差，相反，目前普及度较低的授课方式有着较好的教学效果。特别是“重视出勤”或者“小测验和学生报告”一类的管理型教学方法是 80% ~90% 的学生都有过较深体验的，但是从学习量的产出角度来看，却有着负面效果，或者说只有较小的效果。

与此相对，“提高学生对课程的兴趣”的普及度虽不如管理型教学方法，但是可以增加 1 小时左右的自主学习时间。此外，“通过助教（TA）等担任的辅助性指导”“分组活动”“课堂上让学生发表意见”等诱导型、参与型课程的普及度虽然不高，但是也有着同样的效果。“对课题研究给出评语”的普及度最低，但是可增加 1.7 小时的学习时间，效果是最显著的。

另外，学生和教师双方对教学方法做出的评价也与实际的教学效果并不一致。在学生中评价特别高的教学方法是“提高学生对课程的兴趣”，认为其“非常重要”和“重要”的回答高达60%～70%。同样，“对课题研究给出评语”的评价也很高。相反，“小测验和学习报告”所获的评价较低。除此之外，“通过助教（TA）进行辅助性指导”“课堂上让学生发表意见”“分组活动”之类的参与型教学方法在学生中的评价较低也是主要特征之一。

另一方面，从教师的角度来看，评价高的项目是“提高学生对课程的兴趣”，有1/2的教师认为该方法“非常有效”。同时，教师们也认为“分组活动”有着较好的效果。与此相对，认为“通过助教（TA）进行辅助性指导”“非常有效”的只占10%左右。

如果对教师和学生的评价进行比较的话，我们能够看到，教师认为“小测验和学习报告”和“分组活动”比较有效，而学生对此却评价不高。另外，教师并不认为“对课题研究给出评语”有多少效果，但学生却对其评价极高。

4. 适应教学方法的必要性

如上所述，在学生对教学方法的评价中，管理型较低，诱导型较高。这一状况与教学效果相一致，较容易理解。另外，参与型的教学尽管在增加自主学习时间上有着较好的效果，但是学生对其评价较低。甚至，助教（TA）的辅助性指导在学生中所获的评价也不高。这究竟是为什么呢？

为了探究其原因，我们从《大学生调查》中选取了对各种教学方法回答“几乎没有”和“没有”等的学生，考察他们对这些教学方法的重要性如何看待（图2－12）。

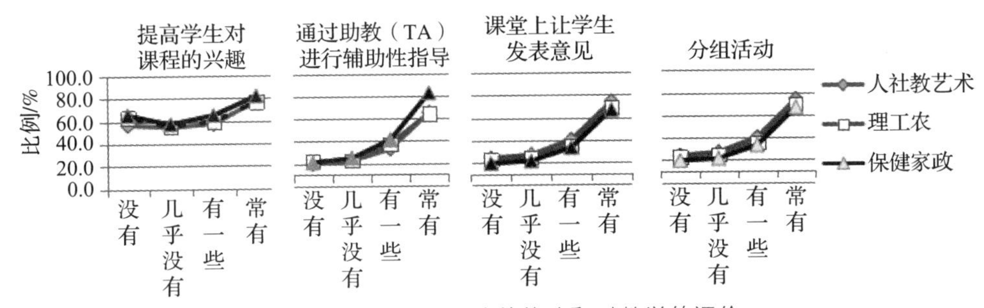

图2－12 对教学方法的体验和对教学的评价

数据来源：根据《大学生调查》计算所得，样本数：44 335人。

从图 2 - 12 中，我们可以清楚地看到，关于“提高学生对课程的兴趣”这种教学方法，不管是否频繁接触到这种教学方法，学生都对其评价较高。与此相对，关于“课堂上让学生发表意见”和“分组活动”，经历的次数越多，学生对其评价就越高。此外，在“通过助教（TA）等担任的辅助性指导”这一方法上，也可以看到同样显著的倾向。同时，这种倾向在各专业领域中普遍存在。

上述情况表明，要让学生对某种新的教学方法做出较高评价，需要他们在一定程度上先适应这种教学方式。的确，就分组活动之类的教学方法来说，学生必须积极地与其他非特定的同学合作，一起完成任务。而且，学生的积极参与，是以保持精神高度集中的状态为前提的。这些形式的参与对学生自身具有积极意义，但要让他们理解到这些却是需要相关经历的。这同时暗示我们，这类教学方法对教师的熟练程度也有一定要求。

综上所述，尽管参与型课程的实际教学效果很好，但其意义并未获得教师和学生的充分认可。我们认为，这是由于教师和学生都还没有完全适应这种教学方法。此外，关于“对课题研究给出评语”这一教学方法，教师对其效果尚未充分理解。

同时，教师和学生都已认识到，诱导型教学方法总体上效果较好，但这种教学方法的普及程度还较低。“通过助教（TA）进行辅助性指导”虽然具有潜在效果，但多数教师对这种教学方法尚不熟悉。

另外，从总体上看，管理型教学方法虽被广泛利用，但是也存在着教师对其实际效果过高评价的可能性。小测验确实具有一定的效果，但是重视出勤却未能对自主学习产生积极的效果。这一结果表明，管理型课程虽然在形式上保证了一定的学习量，但并不能促进学生的自主性学习。

在此，将本章的分析总结如下。

（1）尽管日本的大学教师将获取专业领域基础知识作为最重要的目标，但在具体的教学方法上重视的是小团体的教育功能，而对加强普通的讲授型课程并不热心。这表明，归属组织模式作为大家默认的教育理念有着很大的影响力。这也表现在以下几个具体方面。

（2）从学生与老师的比例来看，现在日本的大学教学环境和以前相比有了较大的改善，但每个教师承担的课时数非常多。这一情况反映出，包括研究生课程在内，各个大学开设了过多的研讨课、专业课等小规模课程。因此，虽然教师感觉教学负担很重，但是在普通的讲授型课程上所花费的时间却较少，也就是说教学的充实度不可避免地受到了稀释。

（3）在教学方法上，普及程度最高的是管理型，但是这种教学方法并未对学生的学习时长产生积极影响。另外，能够引导学生加深理解的诱导型课程和参与型课程虽然在促进学生学习方面具有较好的效果，其重要性也获得了教师的认可，但是在实际教学中，却很少被付诸实践。

以上的论述表明，日本的大学教育具有一种重要的特质。下面，把目光投向学生群体，在第 3 章将分析学生具有怎样的特质。

第3章 学习动机与意愿

学习的量与充实度并非单纯由课程决定，接受教育的学生的学习态度和生活也在很大程度上起着决定性的作用。本章将根据学习动机和意愿，在梳理学习动机的产生及其形态（3.1节）的基础上，分析学习动机究竟如何与学习行为以及教育的有效感结合在一起（3.2节），进一步分析更广意义上的学习意愿受到哪些因素的制约（3.3节），最后对自律性学习时间的决定因素进行综合比较（3.4节）。

3.1 学习动机

1. 动机与意愿

很显然，学习的行动一般是由各种因素组合在一起形成的。在进行分析时，首先将一般的“意愿”和具体的“动机”区分开来考虑。

学习“意愿”是在学生的家庭环境、经验、学习经历、现在的生活、交友关系以及学习环境等基础上形成的（图3-1）。一方面，这是一个与从过去到现在的历程相关联的因素；另一方面，学生已经到了能够进行自主判断的年龄，能够预见到现在的行动会对将来造成什么影响，由此对现在的行动赋予一定的意义。我们将这一层含义上的意义赋予称作学习“动机”。

在3.1节、3.2节和3.3节中，将分别讨论学习的动机和学习的意愿。

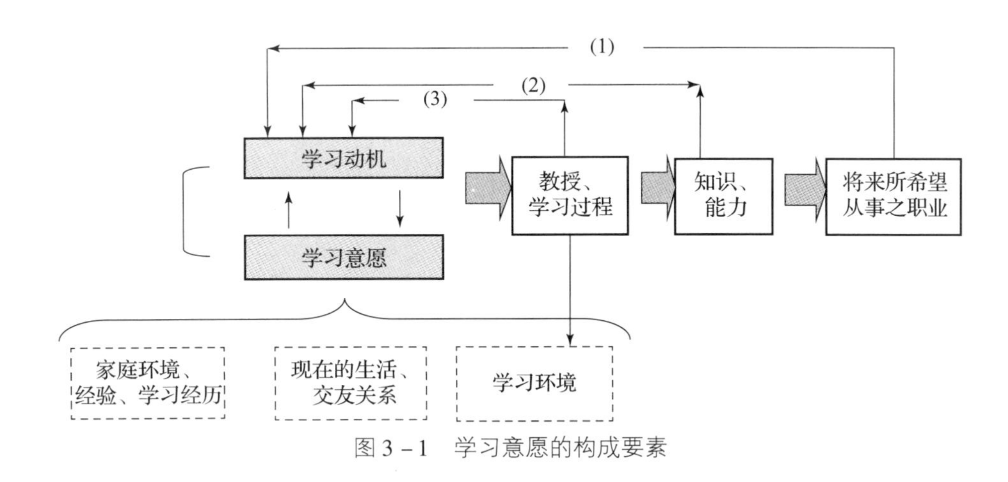

图 3－1　学习意愿的构成要素

2. 学习动机

根据图 3－1，可以将学习动机的形成分为三个途径。

(1) 将学习定位为自己将来所希望从事之职业的准备工作。“习得”型的教育模型所设想的正是这一途径，大学的教学课程直接与特定的职业联系在一起。例如，在有关保健的专业领域，这样的动机就构成了学习动机。

(2) 特定的知识体系唤起了学生求知的好奇心，形成了学习的意愿。“探究型”的教育模式重视这种动机的形成。而且在现代，基础能力的获得或许也是学习的目标。

(3) 显示了教授、学习过程中形成学习意愿的机制。在“过程控制”型教学模式中，以教师和学生的对话为基轴，在根基上将学习意愿的形成视作根本要务。如前所述，在美国，通过作为补充的各种教学过程中的设计和学分制度以及与之相应的考试，有意识地使大学中的教学组织和制度以整体的形式推动学习动机的形成。

长期以来，在日本的大学教育中，(1) 和 (2) 途径的机制在表面上受到重视。因此，大学生理应是这样一个群体：他们在进入大学之前，已经决定了将来从事的职业，或者选择了自己感兴趣的学科领域，并能够进行自律性的学习。在此意义上，一般认为大学生已是“成人”，大学以及社会也应该如此对待他们。

考试和必要的学分等制度性的强制是存在的，但是基于上面所说的原则，不应该过度压制大学生的自主选择和行动。而且，除了一部分专门职业，大部分学生所从事的职业并不要求掌握特定的专业知识。因此，大学教育没有理由强迫学生掌握特定的知识。对于学生来说，自己摸索的过程才是有意义的。

但是，从实际的学习时间中能够清楚地看到，原则不过只是原则而已。可以认为，原则的模糊之处和与现实的背离致使人们看不清日本大学教育的实际状况，从而造成了讨论中的混乱。

3. 学生对未来的展望和大学教育

日本学生实际上如何看待自己的未来，如何定位其与大学教育的关系呢？关于从学生的角度所看到的未来及其与大学的关系，在此根据《大学生调查》，对大学一年级至三年级的学生进行了汇总（图 3 – 2）。

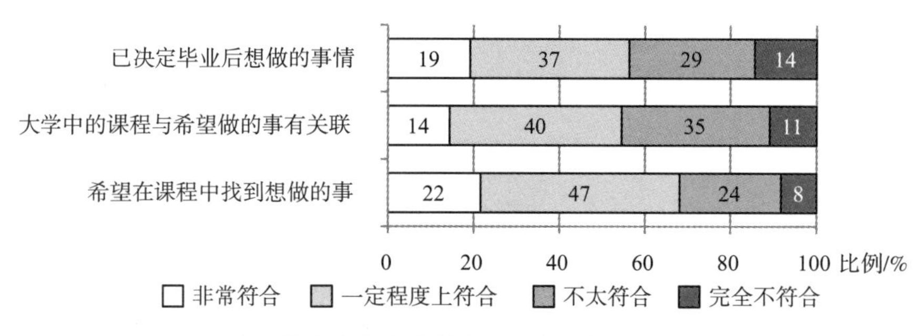

图 3 – 2　自己的未来与大学教育（大学一年级至三年级学生）

数据来源：《大学生调查》，样本数：35 875 人。

第一，有关将来的愿望，从对于“已决定毕业后想做的事情”这一问题的反馈来看，回答自己“非常符合”的学生约为 20%，而与回答“一定程度上符合”的学生相加之和也不到总体的 60%。其余 40% 多的学生对自己的未来并没有明确的展望。由此，符合上述原则的学生不过约半数而已。

第二，从到目前为止的一般看法来说，学生在入学的时候，应该已经选定了自己的专业。而且，日本的大学一般会以学院、学科和专业等各个非常狭窄的专业领域为单位，选拔和录取学生。有人认为，其效果在于能够使学生较早接触到专业知识，产生学习动机。但是，也很有可能会导致部分学生被迫学习与原来的志愿不相符合的专业。

从调查结果来看，针对“大学中的课程与希望做的事有关联”这一提法，回答“非常符合”的学生只占 14%，即便加上回答“一定程度上符合”的学生，也不过 50% 左右。换言之，约 50% 的学生认为，自己原来想做的事与学习关联不太大。这表明，我们并不能认为学生在大学入学阶段就能选定学术上的专业领域，上述想法实际上与现实不符。

第三，这意味着学生对大学入学后的教育寄予了很大的期待。在调查中，对于“希望在课程中找到想做的事”这一项，回答“非常符合”的学生占 22%，与回答“一定程度上符合”的学生相加的话，则达到全体的近 70%。

关于上述结果，有一种观点认为其原因在于，大学升学规模过度扩张，许多高中生即便原本不具备升入大学的资质，也随大流进入了大学。为了验证这一观点是否妥当，根据入学考试的难易度，将学生们所属的大学分为低（偏差值在 44 以下）、中（44 ~ 55）、高（56 以上）三种，然后和图 3 – 2 进行同样的汇总。

从统计结果（图 3 – 3）来看，上述现象在所有大学都能见到，与大学的排名高低并无关联。关于“毕业后想做的事”和“与课程的关联”这两项，在排名靠前的大学中肯定的回答确实偏多一些。但是，即便在这些大学中，毕业后想做的事并不明确的学生和认为课程与想做的事无关的学生同样都高达 40% 左右。很显然，前面所说的观点并不成立，学生的意识与学校档次无关。从结果来看，“希望在大学中找到想做的事”的学生所占比例极高，而且几乎看不到不同档次学校之间的差异。

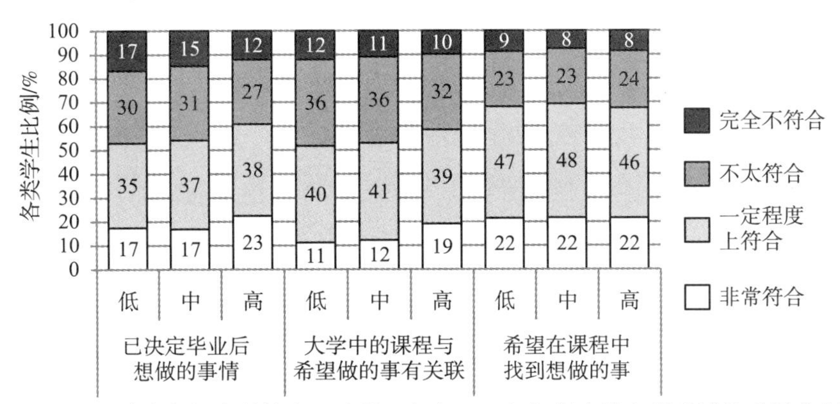

图 3 – 3 自己的未来与大学教育（大学一年级至三年级学生按入学考试的难易度划分）

数据来源：《大学生调查》，样本数：33 807 人。

4. 学习动机的类型

大学教育的理念与学生实际状况之间的龃龉，导致大学教育中的期待与实际状况之间出现根本性的错位。身处这样的环境中，学生的处境如图3-4所示。

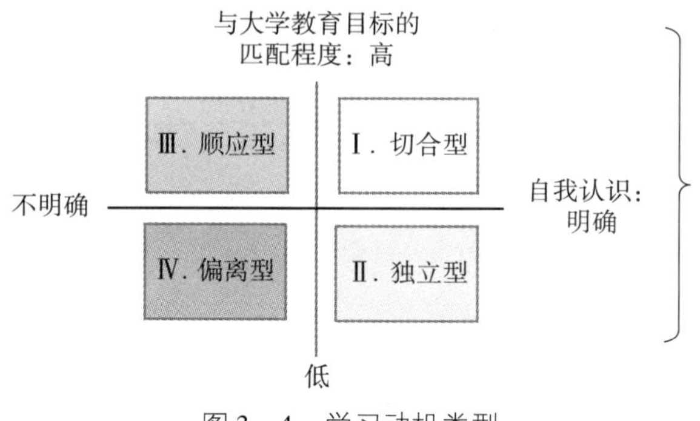

图3-4 学习动机类型

在图3-4中，横坐标显示的是自我认识和社会认识的确立程度，纵坐标显示了其与大学教育目标的匹配程度。基于此，两者的对应关系出现了四种形式。

（1）“切合型”。拥有明确的自我认识和远景规划，且与教学课程的目的相符合。例如，将来希望从事医疗相关职业的学生就读于医学院、齿学系和药学系，或希望从事教职的学生就读于教育学院，以及希望成为学者的学生就读于各自的专业学院。

（2）“独立型”。虽然拥有明确的远景规划，但与所接受的教学课程的目的、内容并不一致。例如，希望成为普通的企业白领的学生就读于经济学院或法学院。

（3）“顺应型”。此类学生虽然没有明确的远景规划，但他们并不否定其所在院系的教育目标、内容。换句话说，这些学生寄希望于通过循规蹈矩地修习各门课程来确定自己的远景规划。

（4）“偏离型”。此类学生既没有明确的远景规划，也不认为大学的课程有利于自己的发展。可以说，这一类学生对大学教育目标的认同度最低。

现在的日本大学生究竟在多大程度上适用上述学习动机类型呢？在《大学生调查》中，“已确定毕业后的规划”的学生中，认为“大学中的课程与自己想做的事有关”的属于“切合型”，否则就是“独立型”；“毕业后的规划尚未确定”的学生中，回答“通过上课找到自己想做的事”的是“顺应型”，否则就是“偏离型”。根据上述定义，计算了各类学生的构成比。①

各类学生的比例分别为，“切合型”的学生占41%，“独立型”的学生占19%，“顺应型”的学生占28%，“偏离型”的学生占12%。简而言之，“切合型”的学生约占四成，“顺应型”的学生约占三成，其余为“独立型”和“偏离型”的学生。但是，在各专业之间四类学生的分布有着很大的差异（图3－5）。

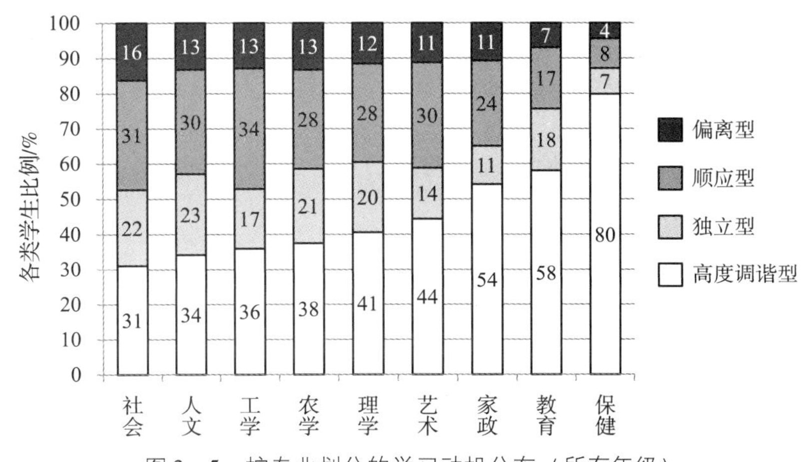

图3－5 按专业划分的学习动机分布（所有年级）

数据来源：《大学生调查》，样本数：47 592人。

第一，“切合型”最多的是医疗保健相关专业（80%），其次是教育专业（58%）、家政专业（54%）等。特别值得一提的是，在这一点上，医疗保健相

① 在《大学生调查》的“已确定毕业后的规划”“大学中的课程与自己想做的事有关”“希望通过上课找到自己想做的事”三个项目中，回答“非常符合”和“一定程度上符合”的为“＋”，回答“完全不符”和“不太符合”的为“－”。具体如下表所示。

<table>
<tr><td rowspan="4">已决定毕业后想做的事情</td><td rowspan="2">＋</td><td rowspan="2">大学中的课程与希望做的事有关联</td><td>＋</td><td>切合型</td></tr>
<tr><td>－</td><td>独立型</td></tr>
<tr><td rowspan="2">－</td><td rowspan="2">希望在课程中找到想做的事</td><td>＋</td><td>顺应型</td></tr>
<tr><td>－</td><td>偏离型</td></tr>
</table>

关专业表现出了与众不同的特征，其高达 80% 的学生属于“切合型”，其他类型的学生均只有几个百分点。由此可见，这一专业领域的学生在入学时已经明确将来从事与医疗保健相关的职业，而且大学的教学内容也显然能够为上述职业做好准备。

同样，教育专业的本科教育也与将来的职业有着较为紧密的联系，但反过来说，“切合型”学生也仅占 60% 左右。由此可以看出，该专业入学时的志愿未必能够与现实中的就业机会直接联系起来。

第二，值得注意的是，在其他专业领域，“切合型”学生的比例几乎都停留在 40% 左右或低于 40%。而且，在这一点上，人文社科类和理工类专业之间没有太大差别，即便进一步对专业领域进行细分，其结果也基本相同。此外，其他三个类型的分布状况也大致相同。特别需要注意的是，在这些领域，“高度调谐型”学生几乎都只占 30% 左右。

第三，在几乎所有专业领域，都存在着一成以上的偏离型学生，尤其在社会科学类中，这类学生已达到 16%。考虑到在问卷的回收率方面，“偏离型”学生相对较低，因此这一类学生的实际人数应该更多，很可能已达到 20% 左右。[①]

关于各类型学生的分布，我们一般认为，越是在学生趋之若鹜的名牌大学，“切合型”的学生就越多，因为学生们都是通过激烈竞争才如愿以偿升入这些学校的。但是，实际数据颠覆了我们的预想。

就各专业领域“切合型”学生所占的比例和所属大学的选拔性（升学考试的偏差值）之间的关系而言，社会科学、艺术、农学等专业虽然显示出统计学意义上的正相关关系，但其显著性并不高。与此相对，在医疗保健、教育等专业领域，却能看到明显的负相关关系。也就是说，越是选拔性高的大学，“切合型”学生就越少。这可能意味着在选拔性越低的大学，学生们在入学时越倾向于注重专业与职业之间的关系。在其他专业领域，未发现在统计学意义上显著性高的关

① 《大学生调查》在实施时，问卷发放的对象主要是听课的学生，因此有可能导致“偏离型”学生的回答率特别低。

系（显著度水平为 99%）。[①]

总而言之，对于学生来说，大学教育的定位并不是单纯由其所在大学的选拔性所决定的，这一点非常明确。反之，即便在选拔性高的大学，正如前文中所说的那样，传统的大学教育理念与现实之间反差强烈。

3.2　动机的类型与教育效果

学习动机必然与学习效果、以及对自身能力所进行的自我评价紧密地联系在一起。

1. 动机的类型与学习时间

首先能够预测的是学习动机的实际状况将会影响学习行动，特别是与上课有着密切关联的预复习等自主性学习时间。根据《大学生调查》的数据，我们计算了各种动机类型学生自主性学习时间（与上课相关的学习）的分布（图 3－6）。

在此，首先需要明确指出的是，与其他类型的学生相比，“切合型”学生的学习时间一般相对较长。在“切合型”学生中，每周自主学习时间超过 6 小时的学生约占 40%，明显多于占 30% 左右的“独立型”和“顺应型”学生，以及仅占 20% 多的偏离型学生。相反，完全不进行自主学习的学生占 10%，低于占 20% 左右的“独立型”和“偏离型”学生。

这一倾向并不仅限于自主学习。包括上课出勤、与课程无关的学习等在内，我们根据专业领域对“切合型”学生与其他类型学生之间的差距进行了测算，具体如表 3－1 所示。在人文社科类和医疗保健类专业中，“高度调谐型”学生的上课时间高于其他类型的学生。此外，值得注意的是，在“与课程无关的学习”方面，人文社会与理工农类专业之间也能看到 1 小时左右的显著差距。

---

① 关于显示偏差值档次之影响的标准化回归系数，数值为负的是家政（－0.107）、教育（－0.118）、医疗保健（－0.09），数值为正的是社会科学（0.051）、农学（0.082），其余的工学、人文、理学、艺术等在 99% 的显著度水平上显著性较低。

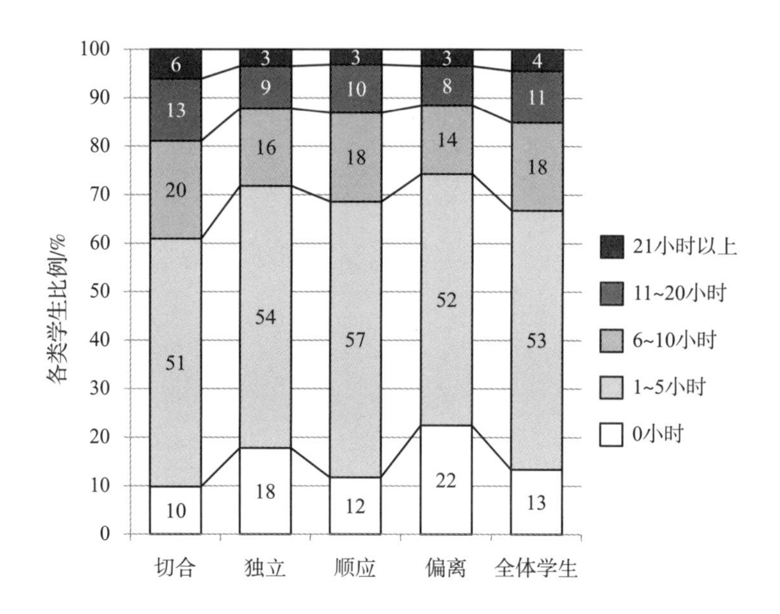

图3－6 按学习动机划分的自主性学习时间（每周）

数据来源：根据《大学生调查》所作的统计，样本数：46 132 人。

表3－1 高度调谐型学生与其他类型学生的自主性学习时间之差

学生类型	出席课程、实验/小时	与课程相关的学习/小时	与课程无关的学习/小时	样本数/人
人文社会	0.7	1.6	1.9	18 116
理工农	—	1.0	0.9	10 282
保健	1.0	1.1	—	4 891
教育家庭艺术	—	1.0	—	4 169

数据来源：根据《大学生调查》计算所得。显著度水平为99%。

表3－1中的结果表明，学习动机的类型与自主学习时间之间确实存在着密切的关联。“切合型”学生对自己的将来有明确的展望，并且认为这与大学教育紧密相关，因此他们将相对较多的时间用在学习上。但是，正如第1章所言，如果考虑到学习时间总体上偏短的话，即便是“切合型”学生，他们的学习时间也绝对称不上充足。

由表3－1可以看出，包括“高度调谐型”学生在内，无论学习动机如何，日本高校都未能引导学生进行充分的学习。

2. 动机类型与教学的有效感

这里，必须加以关注的是，动机类型并非仅与学习时间相关，它与教学对能力形成的有效性评价、对自身能力的自信程度也有着关联。

关于教学在获取知识或各项技能方面所发挥的作用，《大学生调查》将其分为从“没有作用”到“有作用”的四个层次，并换算成从0～100分的“有效性”指标，并按动机类型分别进行了计算（图3－7）。

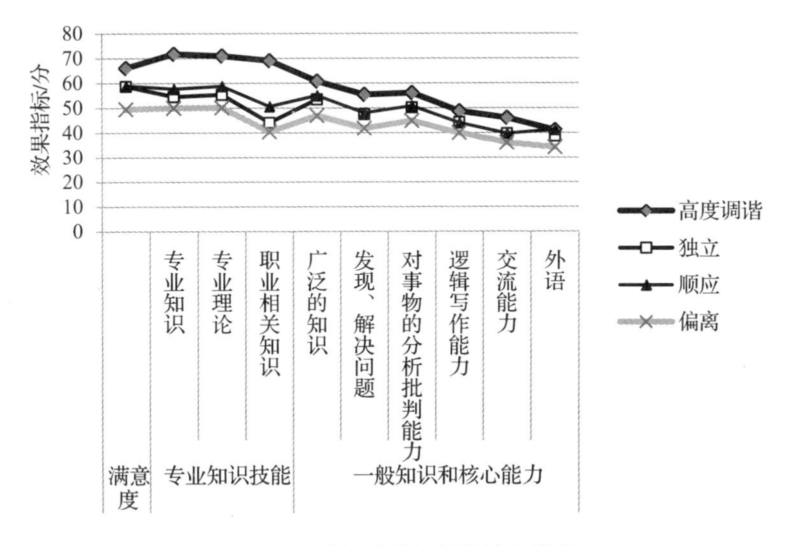

图3－7　动机类型与教学效果指标

在此，显而易见的是，几乎在所有项目中，“高度调谐型”学生都认为，教学对知识、技能的形成有意义。特别是在“职业相关知识”的获取上，“高度调谐型”学生的教学效果指标达到了70分左右。与此相对，其他类型学生的教学效果指标都在40～50分，“偏离型”学生仅为40分左右。

但是，关于“宽泛知识”和“对事物的分析批判能力”等核心能力的形成，认为教学“有作用”的比例有所下降。相对而言，“高度调谐型”学生仍倾向于认为其“有作用”。另外，其他动机类型的学生，特别是偏离型学生在所有项目中都对教学效果评价较低。而且，在有关对教学的相对满意度方面，“切合型”学生的教学效果指数达到70分左右，与此相对，“偏离型”学生仅有50分左右。

“切合型”学生不但认为课程内容符合自己将来的目标，而且感到教学也特别有助于专业知识技能的培养。我们可以认为，这与学习时间的增加有着密切的联系。这意味着，通过学习，“切合型”学生对教学效果有了较高的评价，这又促使他们增加了学习时间，由此很容易形成一种良性循环。但是，需要注意的是，对于一般核心能力的形成来说，上述机制的作用较为有限。

关于学生自身的知识和技能，《大学生调查》要求学生对上述各项知识和能力按“不充分”到“充分”这四个层次分别进行评价。同样，也将结果换算成0～100分区间内的“自我能力评价”指数（图3－8）。

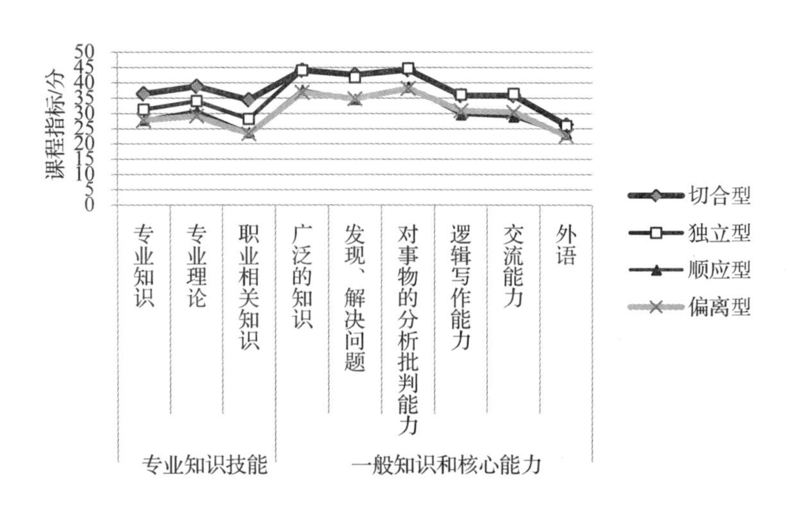

图3－8　动机类型与自我知识水平、能力评价

数据来源：《大学生调查》，样本数：46 647人。

与教学对知识技能形成的作用相比，学生对自身能力的评价普遍较低。但是，从不同的学生动机类型来看，“切合型”学生在“职业知识”“专业知识”“宽泛知识”等各个项目，对自己的评价均为最高。与此相对，“顺应型”和“偏离型”学生的评价明显偏低。

但是，不同于对教学的评价，独立型学生虽然在职业知识或专业知识方面的自我评价低于“切合型”学生。但是，在对于一般知识和核心能力的评价方面，却与“切合型”学生之间几乎没有差别。而且，值得注意的是，在能力的自我评价上，“顺应型”学生与“偏离型”学生表现得近乎一致。

在上述结果中，“切合型”和“独立型”学生对一般知识和基础核心能力的自我评价处于同一水平，而“顺应型”和“偏离型”学生的数值也相同，这一情况意味深长。我们可以解释为，“独立型”学生一般对自己的能力抱有乐观的倾向，而“顺应型”学生则在能力评价上具有相对谦逊的倾向。

但是，如果换个角度来看，我们也可以认为，学生对自身的人生规划和将来的展望越明确，其对一般能力和基础能力的自信也会相应增强。反之，也可以说，对一般能力的自信越强，自我认识就越坚定。无论如何，我们需要关注的是，自我认识的确立与基础能力有着较强的联系。

3.3 学习动力的形成

前面介绍了学习动机，那么在更广意义上的学习动力是由哪些因素决定的呢？下面，从教育环境、学生生活以及家庭背景等侧面进行考察。

1. 教育环境、经验

首先，教育环境理所当然会推动学习动力的形成。其中，教学方法被视为最直接的影响因素。正如第2章中所说，教学方法对学生的学习时间影响很大。为了更进一步在充分考虑学习动机的基础上分析其具体的影响，我们将测算在不同教学方法下各种动机类型学生自主学习时间的差异（表3-2）。

在表3-2中，能够清楚地看到，正如前面（第2章）所述，参与型的教学方法一般会对学习时间产生很大的影响。特别是，在“对所提交的课题研究标注评语并返还学生”的课程中，这一栏回答“经常有”或“一定程度上有”的学生，他们的自主学习时间比其他学生多1.5小时左右。在“授课过程中要求学生发表意见”“分组活动”这两个栏目的情况也相似。

表 3－2 教学方法对学习时间（每周）产生的影响——按学生类型分类

项目	管理/小时		诱导/小时			参与/小时			样本数/人
	重视出勤	进行小测验	想办法让学生更容易理解	提高学生对课程的兴趣	通过助教（TA）等担任的辅助性指导	分组活动	课堂上让学生发表意见	对课题研究给出评语	
切合	－0.7	0.4	0.7	0.9	1.1	0.9	1.1	1.8	18 759
独立		0.5	0.3	0.4	0.8	0.7	0.9	1.4	8 499
顺应	－0.7	0.6	0.4	0.7	0.9	0.9	0.7	1.2	13 135
偏离			0.6	0.8	1	1.4	1.2	1.6	5 541

注：数值为针对特定授课形式回答了“一定程度上有”或“经常有”的学生与其他学生每周课程相关学习时间的差值。仅显示显著度在95%以上的各项。

数据来源：根据《大学生调查》计算所得。

而且，无论哪一种学习动机类型的学生都几乎一致地对这种教学方法的效果表示认同。一般来说，这种教学方法在“切合型”学生中收效最好，但实际上各类学生之间并没有大的差异。

值得注意的是，对于偏离型学生来说，“对课题研究给出评语”“授课过程中发表意见”这两种教学方式的效果与其他类型学生不相上下，甚至更好，而“分组活动”方式的效果特别好。我们能够预想到上述教学方法对抱有被排斥感的学生具有很好的效果，这一点获得了实证数据的印证。另外，不同于其他类型的学生，“小测验、报告”对他们并没有显著的效果。

另外，与一门门单独的课程不同，大学中广义的学习经历也对增强学习动力具有一定的效果。“留学”“实习”等经历所引发的课程学习时间的变化在表 3－3中有详细的介绍。

表3－3　大学里的各种经历对自主性学习时间（每周）的影响

单位：小时

项目	留学经历	实习	补习高中未修课程的辅助科目	教授大学学习方法的科目	在其他院系听课	新生讲习会	以就业与未来职业规划为主题的科目
效果	1.3	0.6	0.6	0.4	0.4	0.2	0.0

注：除了以就业与未来职业规划为主题的科目，皆有统计学意义，显著度为99%。
数据来源：依据《大学生调查》计算所得，样本数：46 001人。

需要注意的是，“留学经历”对学习时间所产生的重大影响格外引人注目。与没有留学经历的学生相比，有留学经历的学生平均每周多学习1.3小时。这能够与教学方法的影响力相匹敌。但是，也可以认为，这一结果表明出国留学的学生一般都拥有积极的学习态度。虽说如此，国外高校中的学习经历也很可能会增加学生在日本高校中的学习动力。

此外，“实习（包括教育实习和工厂实习等）”“补习高中未修课程的辅助科目”“教授大学学习方法（Study Skill）的科目”“在其他院系听课”等学习经历对学习时间所产生的积极效果也是显而易见的。这些科目自身就具有一定的效果，而且大学采取这些措施本身也反映了大学校方对学习支持所持的积极态度。

另外，“新生讲习会”的效果较小，“以就业与未来职业规划为主题的科目”的效果也不具备统计学意义上的显著性（显著度 $P<1\%$）。与职业规划相关的科目本来并不局限于传授与职业相关的知识，而是期待通过让学生思考自己的将来，来增强学习动机和动力，但实则至少在目前阶段，并未能收到上述效果。

2. 生活环境

学生的实际生活状况也会在一定程度上影响学习动力。

以交友圈为例（图3－9），“与班级、研究室的友人聊天”和学习时间几乎呈直线型的关系。回答“经常有”的学生与回答“几乎没有”的学生相比，每周的学习时间多出约1小时。但是，在这个项目上，回答“几乎没有”和“不太有”的学生合计只占10%，也可以认为，交友圈狭小的学生自身存在问题。

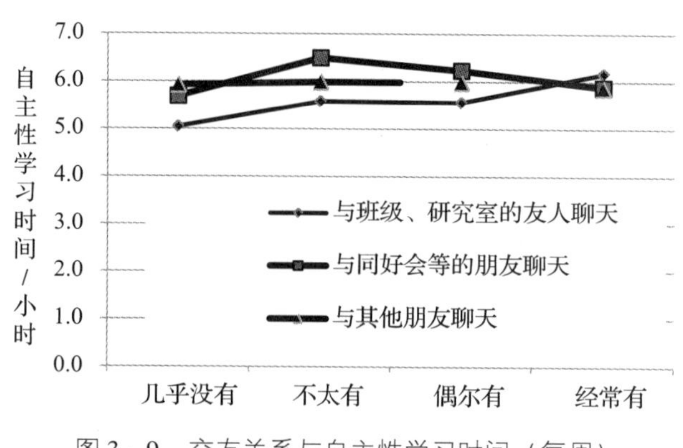

图 3－9　交友关系与自主性学习时间（每周）

数据来源：依据《大学生调查》计算所得，样本数：46 058 人。

在有无“与同好会等的朋友聊天”这一项目上，“几乎没有”和“经常有”这两类学生的学习时间偏少。或许可以认为，适当地参加同好会活动能够反映出学生的积极性。另一方面，在“与其他朋友聊天”这一项目上，我们并未看到明确的关系。

美国进行的研究表明，与其他学生的交往能够对学生的学习行为施加很大的影响，但在日本，研究室中的相互交往是很普遍的，无法融入其中的学生反而存在问题。

关于经济条件，在各项收入来源的金额和学习时间之间的关系中，只有打工收入表现出特别明确的关系（图 3－10）。包括走读和寄宿在内，打工收入越多，学习时间就越少。以每月 3 万日元的水平为界，其影响被直观地体现出来。特别是在走读生中，与每月打工收入不满 2 万日元的学生相比，超过 11 万日元的学生学习时间少 1 小时以上。

这一情况表明，有一部分学生因经济原因需要打工，因此学习时间受到了挤压。但同时，也可以认为，学习动力较小的学生可能会更注重打工。

3. 学历经历、家庭背景

进入大学之前的经历也会给学习时间带来一定的影响。特别是如第 1 章所述，高中里的学习时间对进入大学后的学习时间影响较大。无论是就学生的不同

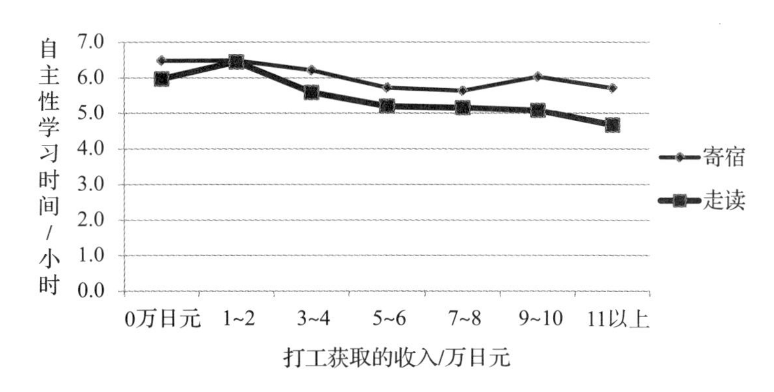

图3－10　打工收入与自主性学习时间（每周）

数据来源：依据《大学生调查》计算所得，样本数：42 016人。

学习动机类型中来看，还是就入学难易程度不同的大学来看，这一关系均有所体现。

从进入大学时的入学考试类型来看，参加一般入学考试和入试中心考试（译者注：日本的统考）的学生总体上学习时间较长。另外，是否参加推荐入学的考试，不会对入学后的学习时间造成显著的差异。推荐入学的考试与高中阶段的课程学习无关，其目的之一是接收有较大学习动力的学生入学，但这一目的实际上可以说并没有实现。

在父母的学历方面，我们能够看到较弱的正面影响。与父亲的学历相比，母亲的学历水平影响更大，这与有关大学升学率的分析结果一致。

3.4　何谓重要因素

那么，学习动力究竟是由哪些特别重要的因素决定的呢？为了探讨这一问题，笔者以“与课程相关的学习时间”为因变量，以前述的学习动力决定因素为自变量，进行了单回归分析，各标准化回归系数β（%）用一览表显示（表3－4）。这是利用自变量的离散状况来说明因变量离散的比例，我们可以将其视为表示各自变量（外侧）的相对影响力。

表3－4 决定学习时间的各要素比较

单位/小时

形式	分类	出席课程、实验	课程的预习复习	与课程无关的学习	假期中的学习
授课形式	重视出勤	2		－1.3	－3
	有期中课题	2.8	6.5	1.9	
	想办法让学生更容易理解	3.2	6.7		2.7
	提高学生对课程的兴趣	4.9	8.8		4.3
	辅助性的指导	2	8.4	8.6	2.3
	课堂上让学生发表意见	2.3	9	－1.5	5.5
	分组活动	3.7	9.5		3.6
	返还评语	5.5	**12.5**	3.8	3.8
动机	已决定毕业后想做的事情	2.6	8.1	**12.5**	**16.8**
	大学中的课程与希望做的事有关联	**13.1**	**13.9**	4.4	**15.6**
	希望在课程中找到想做的事	**10.8**	7.4	－4.6	
	高度调谐（虚拟变量）	8.9	**11.5**	6.8	**15**
	为取得好成绩而努力	9.2	**10.7**		**10.8**
积极性·生活环境	新生讲习会（虚拟变量）	－3.3	1.4	2.5	
	补习高中未修课程的辅助科目（虚拟变量）		3.9	2.7	
	教授大学学习方法的科目（虚拟变量）		2.9	3.8	
	以就业与未来职业规划为主题的科目（虚拟变量）	－4.7	0.2	2.9	－1.4
	实习（虚拟变量）	－5	3.9	6.6	4.3

续表

形式	分　类	出席课程、实验	课程的预习复习	与课程无关的学习	假期中的学习
积极性·生活环境	在其他院系听课（虚拟变量）	-8.3	2.5	**12.3**	**10.1**
	留学经验（虚拟变量）	-3.2	5.7	7.9	4.8
	与班级、研究室的友人聊天	8.6	5.1	-4.7	
	与同好会等的朋友聊天	6.2	1.3	1.5	2.2
	与其他朋友聊天	-2.4		3.8	
	生活费 父母给予		3.7	4.5	6.7
	生活费 奖助学金		2.6	3.4	2.7
	生活费 打工赚取	-4.9	-5.4		-3.9
	高三时每天的学习时间	6.4	8.7	4.3	**15.9**
	大学的排名高低	5.4	4.5	3.7	**14**
	一般入学考试（虚拟变量）	1.6	2.4	5.1	**11.2**
	入试中心考试（虚拟变量）		1.8	4.3	9.8
	推荐入学考试（虚拟变量）			-4.5	-9.9
	父亲的学历水平	3.3	1.8	2.7	5.2
	母亲受教育水平	3.4	3.1	4.3	6.3
	女性（虚拟变量）	2.8		-8.9	-3

注：空白部分无统计学意义，显著度为99%。黑体字为10%以上。

数据来源：从《大学生调查》获取数据，以“与课程相关的学习时间”为因变量，算出各标准化单回归系数β（%），并用一览表显示。各项目有效回答数不一，数量为45 000人左右。

根据表3-4，首先，能够看到学习动机对学习时间具有很大的作用。特别是认为课程与自己想做的事有关以及“高度调谐型”这两个因素，在各种因素中，它们的影响力最大。其次，我们发现授课方式也具有几乎与此相当的影响力。其中，参与型授课方式的影响力尤其巨大。此外，学习环境也具有一定的影响力。特别需要注意的是，留学经历具有很大的影响力。最后，学习动力与大学入学前的经历也存在重要的关联。特别是高中时代的学习时间与大学中的学习时间有着线性关系。大学的排名高低虽然也有一定的关系，但与授课方式相比其效果相对较小。此外，其他的生活环境因素也会产生一定的影响。我们发现朋友较少的学生学习时间偏少，而打工也有负面影响。但是，这些影响在程度上都低于教育环境。

本章的分析结果可归纳为以下几点。

(1) 大学毕业后的规划较为明确的学生大约仅占半数，而认为大学教育与自己想做的事有关的学生也只有半数。如果对学习动机进行分类的话，“高度调谐型”学生拥有明确的发展目标，并认为大学中的学习对其有帮助。这类学生在医疗保健类院系中占多数，而在其他院系中却只占30% ~40%而已。与此相对，其他类型的学生或是希望通过大学教育来找到发展目标，或是对大学教育不抱期待。

(2) 学习动机是决定学习时间的最大因素。如果对毕业后的发展拥有明确的规划，并认为这与大学中的学习具有密切联系的话，上课出勤时间和自主学习时间都会变长。

(3) 除此之外，授课方式也很重要，特别是诱导型和参与型的授课效果更好。这种效果有时候能与学习动机所产生的效果几乎持平。另一方面，学生的家庭背景和生活背景的影响虽然也不能忽视，但一般来说与学习动机或授课方法相比，前两者就相形见绌了。

以上的分析表明，学生学习时间的不足并不能简单地归因于学生缺乏学习动机和动力。学习动机固然重要，但教学效果也有着很大的影响力。进一步可以认为，我们在思考大学教育时，应该立足于如何推动形成学习动机这一视点。

第4章 学习及其效果

上述各章以学习时间为中心研究了大学教育的结构和特征。本章则进一步扩展，重点分析大学教育带给学生什么样的影响、学生通过大学教育获得了什么样的知识和技能。4.1 节构筑学习成果研究的概念体系，4.2 节研究大学教育和知识获得之间的关系，4.3 节分析大学教育和一般能力形成之间的关系，4.4 节探索大学教育对大学生自我认识形成的影响以及其他影响因素。

4.1 大学教育及其效果

首先，从知识和技能获得的角度，分析研究者对大学教育给予个体大学生的具体影响的理论认识。

1. 大学教育和知识技能

最近 20 年来，研究者对大学教育的关注已经从大学教育的理念转移到大学教育的成果上。而且，由于现在有 1/2 以上的适龄人口进入大学学习，仅仅研究大学毕业生获得了什么样的知识技能还远远不够，必须把研究的重心放在学生在校期间发展的过程及其发展的结果上。

另外，需要强调的一点是，学生在大学期间应该获得的不仅是特定专业的专业知识和技能。大学时代为 20 岁左右的时期，这是个体人格发展的非常重要的阶段。因此，让学生获得具有普遍性的一般知识和能力，以及包含自我认识和社会认识在内的广义的人格形成也是大学教育的重要侧面。

同时，如此广义的大学教育的成果未必是大学有意识地进行的专门或通识教育课程的结果，也能够通过学生的自主学习、社团活动和勤工俭学，在无意识地接受周边环境的教育影响中形成。另外，这个成果还受到学生主体的动机作用的影响。为此，有必要在更加广泛的概念体系中分析大学生的发展。

2. 知识、技能的结构体系

毫无疑问，大学教育的目的不仅仅是传授专业知识。洪堡理念是现代大学教育形成的理论基础。从另一个侧面来看，洪堡理论也是青年发展的理论。洪堡认为在大学里孤独地探索真理的过程不仅能够给予学生理论的训练，还具有道德陶冶的作用。在英、美的博雅教育理论中，认为以西方的古典文献为教学媒介，通过教师和学生的对话能够扩大学生的视野和形成理论思维能力。日本也在洪堡理论和博雅教育理论的基础上，形成了多种多样的大学教育理念。

可是，这些大学教育理念都是理论和思辨演绎的结果。虽然研究者把这些理念作为大学一方的主观教育意图来分析，但是很少有研究者把这些看作学生发展的现实，通过实证方法去确认。

大学生发展成为研究的对象最初出现在最早进入高等教育大众化阶段的美国，这是理所当然的事情。对大学教育给予大学生的影响的研究主要盛行于心理学者中间，大规模开始于20世纪60年代。这一时期的代表有 Feldman and Newcomb 于 1969 年发表的研究成果。在 1991 年的文献综述中，包括了 2 100 部（篇）的研究专著和论文（Pascarella，et al. 1991；2005）。同时，从 20 世纪 60 年代开始，出现了大规模的以很多大学为对象的调查研究，该调查定期实施。最终形成了“大学影响”的研究范式。该研究范式直至今日仍在持续（Astin，1977；1993）。同时，以学生人格发展为研究中心的研究也在 60 年代出现了（Chickering，1969），其后相关研究迅速发展（Chickering，et al. 1993；Evans，et al. 2010）。

这些积累的研究成果能够给我们以重要的启发。这些研究虽然研究对象广泛而且研究结果多种多样，但是有很多反映了美国的独特国情，不能照搬到日本。

因此，对日本大学教育的效果进行实证研究，并在研究结果的基础上发展出具有日本特色的理论体系是我们将来必须面对的研究课题（图 4－1）。

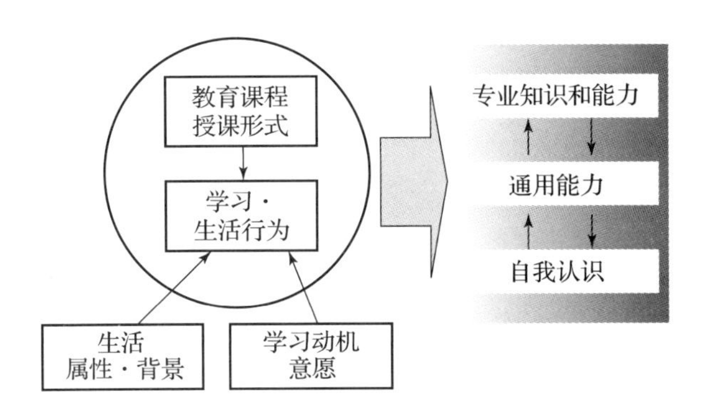

图 4－1　学习及其效果

为此，在对已有研究的成果归纳总结的基础上，构建出了用于分析日本大学教育的理论体系。在这个理论体系里，把大学生的知识·技能划分为三个侧面：A. 专业知识和能力、B. 通用能力、C. 自我认识（表 4－1）。

表 4－1　学习的知识·技能

A. 专业知识和能力	B. 通用能力	C. 自我认识
A①具体知识	B①基本技能	C①自己和社会的理解
A②理解和应用	B②社会能力	C②价值观形成
A③分析、综合和评价	B③逻辑思维能力	C③目标和综合性

A. 专业知识和能力

大学教育的中轴是专业知识以及相关的专业能力。布鲁姆的教育目标分类已经成为现代学习心理学中的标准分类（Bloom，1956）。以下就参考布鲁姆的学习分类，设定认知领域（cognitive domain）的学习应该包含的要素和阶段。①

① 布鲁姆的教育目标大致分为认知领域、情感领域和运动领域三类。认知领域由知识、理解、应用、分析、综合和评价等 6 个连续的阶段组成。

A①具体知识：

①a. 特定的事实、名称；

①b. 特定知识的运用和相关程序的知识；

①c. 某一领域的基本理论体系。

A②理解和应用。

A③分析、综合和评价。

这里的专门知识从①具体知识到②理解和应用再到③分析、综合和评价呈现思维从低到高发展的过程。同时，具体知识是更高层次思维的基础，而高层次思维方法则是更高一级的专业知识理解的基础。二者之间呈现出动态螺旋发展的过程。

在中小学阶段的学校教育中，知识以不同教学科目的形式呈现出来。以上述观点为理论基础的教学内容编排就比较容易进行。但是，在大学阶段，由于教学内容包含很多学术领域而且内容高深，上述理论就比较难以贯彻了。因此，教学内容主要根据学术理论本身的体系来编排。这是因为，把获得专业知识或者说领域细分化后的知识体系作为大学教学目的容易获得社会的广泛认同和支持。

不过，各专业领域的专业教育里均包含高级思维能力，很多观点认为培养这些能力才是教育的目的。例如，在法学领域，存在着培养“法学头脑”的理论。但是，这些观点没有形成上述的理论体系。可以说，这是造成从学生发展或学习的角度来观察大学教育比较困难的原因之一。

而且，日本大学教育一贯宣称，通过毕业论文撰写让学生自主获得②或③的高阶知识。但是，这同时也意味着未必对这类知识获得与否进行评价或者保障获得这些知识。[①]

B. 通用能力

另外，人们要求大学培养独立于专业领域之外的通用知识和能力（compe-

---

① 即使在专业领域里，根据一定的框架，把具体知识及相应的高阶能力，用语言明示出来，使之成为教学的依据，并据此评价教学效果的发展趋势也在逐渐显现。在主要的专门领域里，设置大学教育方法中心。在24个专门领域里，设置名为“参照基准（rubric）”的框架。http://www.heacademy.ac.uk/home.

tence competency generic skill）。有关通用能力的理论有几个不同的流派。

一个理论来源于英美博雅教育传统。在这个理论中，通用能力培养被认为是大学教育的基本目的。19 世纪初的《耶鲁报告》为其代表之一。该报告认为，博雅教育通过古典教育能够锻炼学生形成思维的框架（frame of mind）。这个思想在其后的美国教育中成了重要的思想流派之一（Hutchins，1936）。

另一个理论来自批判思维流派。该理论从 20 世纪 80 年代开始在教育心理学领域具有了重要影响。批判思维从第二次世界大战后才成为相对固定的词汇（Harpaz，2010），这时候，它的含义主要是指基本的思维方法。但是，其后，其含意逐渐多样化。一方面，在哲学上这个词汇与批判哲学联系起来；另一方面，在心理学上被应用于各种理论体系中，在不同理论体系中，它的内涵也五花八门。而且，从词源学角度来看，把“critical”翻译为具有否定色彩的“批判”未必非常贴切（楠见，等，2011）。

第三个是职业能力理论。如第 5 章所述，20 世纪 80 年代以来，青少年就业成为重要的社会问题，以此为契机，人们不得不重新思考学校教育和工作之间的关系。简而言之，人们发现，高中或者大学阶段学习的专业知识在职场中极少被使用，与此相对应，一般思维能力和交流能力却非常重要。DeSeCo 项目就反映了这种思想变化。DeseCo 是后来的 OECD 的国际学力比较项目 PISA 的基础（Rychen，et al. 2001）。在日本，以经济产业部为中心，提出了“社会人基础力”的概念。这也属于这个理论流派。

虽然通用能力的内涵具有多样性，本文暂且把它分为以下三个方面。

B①基本技能：读写能力、勤劳习惯；

B②社会能力：交流能力、对人关系能力；

B③逻辑思维能力。

大学教育应该在培养这些能力上发挥作用，这一点并非没有被意识到。但是，在日本社会里，与显在的知识、技能相比，更重视难以述说的对人关系能力。而且，在日本的企业里，不重视对应特定职务的特殊知识，而重视通过经历不同职务而形成的综合能力。

但是，这并不意味着日本的大学就把这些能力的培养作为它的教育目标。日本社会一般认为，读写能力和勤劳习惯已经在大学入学之前通过准备入学考试的过程而形成。至于社会能力，也主要通过大学的研究室或高级研究课程等小集团活动，于无意识间陶冶而成。另外，大学的社团活动和勤工俭学活动也被看作大学生的社会能力形成的重要手段。更有甚者，所谓的批判能力或者说逻辑思维能力也完全与大学教学无关，它们是在大学生的自主阅读活动中通过个体的积极思考而形成的。

但是，这些观点仅仅是社会的潜意识观念而已。并没有被明确地表述出来，它的实际效果也没有被确认过。正是对形成这些能力的应有方法已经存在某些社会共识，这反而成为阻碍社会自觉思考这些能力形成的应有方法。

C. 自我认识

自我认识一般被称为“人格形成”。虽然很多人把人格形成作为大学教育的理念，但是对这个词的具体含义以及如何形成却甚少论述。这是因为，社会广泛认为大学生已经是成人了，而且具有明确的学习目的。事实上，如前所述，现实并非如此。

以精神分析理论为基础，E. Erikson 从自我认识①形成的角度来观察青少年的发展（Erikson 1968）。这里的自我认识不是哲学认识论上的把自己作为认识对象的纯理论概念。而且，Erikson 的自我认识这个词本身在不同具体场合也具有多样化内涵的细微区别，不能简单定义出来。上述的 Chichering 进一步发展了 Erikson 的理论，提出大学应在 7 个方向上促进大学生的人格发展。①基本能力形成；②感情管理能力形成；③自律性形成；④身份统一性形成；⑤人间关系能力形成；⑥人生目标形成；⑦综合性发展。其后，这个来源于发展心理学的理论，为不少心理学者进一步拓展。

如果把这七个方面粗略分类，基本能力、感情管理能力、人间关系能力属于成人的基本能力，自律性、身份统一性、人生目标、一贯性属于自我的存在方式。前者属于上述 B 的范畴。本文以下则把后者分为三类。

C①自己和社会的理解：对社会的看法、自我特性的认识；

---

① Erikson 的“self identity”经常被译为“自我同一性”。我则称为自我认识。

C②价值观形成：社会的价值观体系（意识形态和行为规范）的内化；

C③目标和综合性：自我角色定位、人生目标把握、目标和当前行动的一致性、动机。

同样重要的一点是，青少年的成长未必是一条直线。实际过程往往是新知识和新经验与旧有的知识经验发生冲突，有时候还会经历暂时的退步，最终达到新的发展阶段。在这个意义上，自我认识的形成是一个动态的发展过程。对此，将在第 6 章论述。

3. 分析方法

上述的概念体系是理论演绎的结果，与其说是客观现实的真实写照，不如说是用来分析现实社会的理论框架而已。按照上述分析框架来测量教学和学习对大学生的影响、知识的积累和综合、学生的知识内层的发展变化等方面并非易事。特别是在高等教育阶段，知识体系多种多样。高层次思维能力的测量更为困难。从实证研究的角度来说，就必须集中于某些细小的方面。许多相关研究就是在这种背景下产生的。可是，很难把这些研究成果与大学教育的全体结构联系起来。

最近，有很多研究企图测量包含通用能力在内的大学教育成果（金子，2009a）。在对通用能力的测量中，一种是以批判能力为核心的测量（Arum, et al. 2011），这是结果标准化的相对测量；另一种是美国大学协会开发的标准参照测量（AAC&U），其本意就是与上述测量相抗衡。但是，目前并不明确这些尝试究竟在多大程度上取得了实质性进展。

为此，借鉴已有研究的经验与教训，在上述理论体系的基础上，使用日本大学生调查的数据来分析日本大学教育的效果。这些数据由被调查的大学生自我回答而成。因此，虽然有关学习时间等学习行动方面的数据具有较高信度，教学效果以及知识技能水平则可能包含主观评价的偏差。尽管如此，如果能够细心处理相关数据，也能够从中得到有意义的启示来。

4.2 专业知识

首先，分析大学教育中专业知识或者说职业知识是如何形成的。

1. 教学效果

首先从大学生的视角出发，分析大学教学给予学生本人什么样的影响。在《大学生调查》中，有两个问题：“大学教学对专业知识理解的促进”和“职业关联的和技能的掌握”，回答的选项为“不起作用”到“起作用”的四段尺度。以此为因变量，其他相关的变量分别为自变量进行单因素回归分析。然后，把得到的标准化回归系数化为百分数，如表4-2所示。标准化回归系数是因变量方差能够用自变量来说明的比例，显示自变量的相对重要程度。

表4-2 教学影响——专业·职业知识（自我评价）及成绩

项目		教学影响/%		成绩/%	
		专业知识	职业知识	优的比例	加权后的GPA
教学形式	重视出勤	7.7	8.7		
	有中期课题	9.2	8.9	4	2.4
	激发学习兴趣	**26.8**	**25.7**	9.3	8
	容易理解	**26.7**	**23.7**	8.5	8.1
	有辅助性的指导	7.5	8.7	-2.7	
	教学评价反馈	**12.1**	**14.4**	-1.5	-0.5
	教师要求学生说出自己的意见和观点	**12.4**	**12.5**	6.3	4.2
	小组作业	**17.6**	**20.5**	6	3.5
	有价值的教学（教养·通识）	**14**	**13.6**	**11.5**	**10.5**
	有价值的教学（专业的比例）	**40**	**34.8**	**14.3**	**13.6**

续表

项　目		教学影响/%		成绩/%	
		专业知识	职业知识	优的比例	加权后的 GPA
辅助性教学活动	新生讲座课程			−2.1	1.6
	辅修科目	2	5.4	−6.8	−2.5
	学习能力		3.1	−3.6	
	职业生涯规划科目	5.3	**10.6**	−2	
	实习	9.1	**11.4**		1.4
	旁听其他学院课程	3.1	−1.6	2.2	
	留学经历	−1.6			1.5
学习行动	课堂出勤	5.8	**10.3**		2.4
	课前预习	**10.6**	**11.2**	8.4	8.5
	与课堂教学无关的学习活动	3.3	1.8	5.8	5.4
	假期学习	**11.1**	8.2	**14**	12.1
	一个月的读书量（册数）	2.4	−2.6	4.3	1.2
	努力学习以取得好成绩	**16.3**	**15.1**	**43.7**	**46.2**
	积极参与教学活动	**16.7**	**17.5**	**20.3**	**18.5**
	加权后的成绩	**12**	8.8		
学习欲望和动机	已经决定了毕业后想做的工作	**23.2**	**26.1**	**10.3**	**10.3**
	大学教学内容和未来职业存在关联	**39.1**	**46.5**	**12.4**	**13.8**
	在教学过程中发现了自己想做的事业	**14.1**	**17.9**	6.1	7.2
	高同调	**30.9**	**38.2**	**10.5**	**11.7**

续表

项目		教学影响/%		成绩/%	
		专业知识	职业知识	优的比例	加权后的GPA
生活方面	社团活动	-5.6	-4	-5.8	-6.9
	勤工俭学	-5.8	-4.8	-6.1	-5.4
	经常与班级和研究室的同学交流	**14**	**13.6**	**13**	**11.2**
	女性	**11.3**	9.3	**19.7**	**13.6**
	偏差值	5.6	-3.4	5.9	0
	推免入学	-1.3	5.9	-6.8	-2.7

注：以表左侧为自变量，表头为因变量进行单因素回归分析，得到的标准化回归系数（百分数表示），黑体字为10%上以，空白格的值99%无统计学显著意义。

资料来源：根据《大学生调查》计算得出。有关标准化成绩的样本数量约为36 000人，其他情况均约为46 000人。

在分析结果中，最引人注目的是学生对教学的评价如何在很大程度上取决于学生自身是否具有学习欲望和动机。特别是大学教学评价和职业知识获得之间的关系密切，“大学教学内容和未来职业存在关联”的标准化系数高达50；其次是“已经决定了毕业后想做的工作”。在专业知识上，也几乎呈现出同样的趋势。

不过，与此同时，教学形式也对专业知识和职业知识获得的教学影响评价具有显著的影响。特别是“激发学习兴趣”和“容易理解”两个侧面能够提高学生对教学效果的评价。另外，参与式教学和小组作业的教学形式也能够提高学生的教学效果评价。

另外，“经常与班级和研究室的同学交流”也有很好的效果，特别是在专业知识学习上。这说明，相同专业的学生之间的经常性交流能够提高教学效果。

2. 学习成绩

那么，大学生从大学教学中究竟获得了何种程度的专业和职业知识呢？其代表性指标当然只能是学习成绩了。

在《大学生调查》中，让学生回答自己大学期间的总成绩（GPA）等级，等级具体分为A，B，C，D。不过，不同学科对成绩的评价存在明显差异。为了调整这个差异，采取了加权平均的方法。首先，计算学生所属学科的GPA平均值；其次，求该生的GPA与平均GPA的比值，把这个比值作为该生的成绩等级。然后，以成绩为优的比例和加权后的GPA为因变量，其他各变量为自变量进行单因素回归分析。标准化回归系数百分制化的结果如表4-2所示。

从分析结果来看，首先，对学习成绩影响最大的是“努力学习以取得好成绩”的回答。它的数值高达40，是所有标准化系数中最高的。其次，“积极参与教学活动”这个能够说明学生学习态度的系数也很高。同时，女学生的成绩要好于男生。另外，“有价值的教学的比例”、学习时间和学习动机都对成绩有影响，但是与学习态度对学习成绩的影响相比较，都远为逊色。

这个结果说明，与学习热情、学习行动·时间等学习关联因素相比，大学生对取得好成绩的执着对学习成绩高低有更显著的影响。但是，这个结果也可以从另一个角度来考虑。在当前的大学教学实践中，选修成绩考核标准比较宽松的科目以及注重应考措施能够大幅度提高学习成绩。在表4-2中，教师批改学生随堂作业并返还的做法竟然对学习成绩有微小的负面影响。这不免使我们联想到，大学生对学习成绩的执着有可能使他们选择那些实际上效果比较低的课程。

如此看来，具体课程的学生成绩能否成为大学教学在学生身上产生影响的合理指标尚存在一定的疑问。

4.3　通用能力

下面，我们介绍大学教育对大学生的通用能力形成的影响。

1. 教学对通用能力形成的影响

对通用能力进行评价实属不易。在《大学生调查》中，让学生对自身能力评价的以下6个侧面：“文章写作能力”“口头表达能力”“外语能力”“宽广的知识和见识”“分析·批判思维能力”和“问题发现和解决能力”进行四段自评。利用上述的分析方法，对该自评结果进行回归分析，如表4－3所示。

表4－3 教学对通用能力形成的影响

影响因素		通用能力/%					
		文章写作能力	口头表达能力	外语能力	宽广的知识和见识	分析·批判思维能力	问题发现和解决能力
教学形式	重视出勤	7.8	9.1	6.1	5.7	4.2	5.2
	有中期课题	9.1	8	6.3	8.9	8.4	9.6
	教学能够激发学习兴趣	22.6	23.3	19	28.3	24.4	25.8
	教学通俗易通	21	21.1	18.2	25.2	22.5	23.5
	有辅助性的指导	7.5	8.9	8.4	7.4	8.7	11.1
	教学评价反馈	17.4	19.6	15.6	12.8	13.7	16.8
	教师要求学生说出自己的意见和观点	23.3	27.9	22.2	20.3	20.4	22.5
	小组作业	19.5	26.1	15.7	18.9	18.4	22.4
	对自己有价值的教学（教养·通识）	16.5	14.2	21.1	21.2	16.6	16.4
	对自己有价值的教学（专业的比例）	11.6	11.1	6.4	19.8	16.4	19.8
辅助性教学活动	新生讲座讲程	7.4	7.9	7.5	2.8	3.9	4.1
	辅修科目	2.4	3.9			2.3	3.9
	学习能力	13.4	14.3	9.6	7.4	8.6	9.5
	职业生涯规划科目	10.8	14	2.3	7.7	7.4	10.1
	实习	3.9	9		4.5	4.9	8.7
	旁听其他学院课程	5.7	4.2	0.6	7.7	8.4	7.2
	留学经历	7.1	9.3	12.9	4.1	4.2	4.8

续表

影响因素		通用能力/%					
		问题发现和解决能力	文章写作能力	口头表达能力	外语能力	宽广的知识和见识	分析·批判思维能力
学习行为	课堂出勤	-1.5	-0.5	5.8	1.4		
	课前预习	7.5	8.4	7.3	8.2	8.7	10.5
	与课堂教学无关的学习活动	5.9	5.4	3	6.1	7.5	7.1
	假期学习	6.4	5	6.6	9.8	9.9	9.4
	一个月的读书量（册数）	4.4	1.4	1.8	7.5	8.1	4.5
	努力学习以取得好成绩	10.3	8.6	11.4	12.7	10.3	11.4
	积极参与教学活动	18.1	23.6	14.7	19.4	18.5	21.7
	加权后的成绩	4.5	2.9	4.9	7.2	5.9	6.6
学习欲望和动机	毕业后想做的工作非常明确	9.2	10.8	2.9	12.6	11.2	14.3
	大学教学内容和未来职业存在关联	11.6	13.8	6.9	18.8	15.3	19.8
	在教学过程中发现了自己想做的事业	9.6	10.6	12.3	15.7	11.7	13.5
	高同度一致	9.1	11.8	3.3	14.2	12.1	16
生活方面	社团活动			0.9			
	勤工俭学	3	5				
	经常与班级和研究室的同学交流	2.2	4.6	2.8	6	3.4	6.2
	女性	2.3	3	6.9	6.2		1.2
	偏差值	-9.5	-12.6		3.5	2.2	-1.6
	推免入学	6.9	10.3				3.1

注：以表左侧为自变量，表头为因变量进行单因素回归分析，得到的标准化回归系数（百分数表示）。空白格的值99%无统计学显著意义。

资料来源：根据《大学生调查》计算得出。有关标准化成绩的样本数量约为36 000人，其他避孕药况均约为46 000人。

（1）教学形式对能力自评有巨大影响。“教师要求学生说出自己的意见和观点”和“小组作业”是参与式教学的特征，这些特征给学生的能力评价显著影响。另外，“教学能够激发学习兴趣”等启发式教学的效果也很显著。不管是通识教育还是专业教育，认为“对自己有价值的教学很多”的大学生其自我能力评价水平也较高。

这样的教学方法不仅能够提高学生的书面和口头表达能力，也能够促进分析思维和问题解决的能力。至少能够提高大学生在这方面能力形成的自信心。

（2）学习动机和学习热情的影响非常大。特别是“毕业后想做的工作非常明确”这一点有着非常强烈的影响力。这说明，明确的人生目标能够带来通用能力发展的自信。各方面因素互动的最终结果是，同调型的大学生一般具有较高的能力自评值。同时，“在教学过程中发现了自己想做的事业”的学生对自己能力的评价也比较高。

（3）积极参加学习活动的大学生对自己通用能力的评价较高。特别是“积极参与教学”的效果非常大。同时，选修其他院系的课程和课外学习活动也对能力评价具有积极作用。特别是对三年级本科生来说，“与课堂教学无关的学习活动”和“假期学习”的时间与能力的自我评价之间具有密切关系。读书习惯也对自我能力评价有积极影响。总而言之，积极参与教学活动和课程外的广泛学习能够增强学生的通用能力自信心。

另外，新生讲座课程等辅助性的教学活动虽然具有一定的效果，但是这个效果非常小。同时社团活动和勤工俭学活动的时间也仅仅具有很小的正向效果。但是，勤工俭学活动对口头表达能力有积极影响。尽管如此，社团活动和勤工俭学的效果都没有教学本身的效果大。

在外语能力上，留学经历的影响较大似乎理所当然。但是，其他影响因素对外语能力的影响与对诸能力的影响呈现相似的结构特征。也就是说，积极参与教学活动和课程外的广泛学习不仅能够增强学生的其他通用能力自信心，也能够增加学生的外语能力自信心。

在分析结果中，作为教学方法的一环，虽然“教学通俗易通”对形成“分析批判能力”具有正向的积极作用（标准化回归系数为22.5），但是若仔细分类研究，就会发现，认为“教学通俗易通”程度高的学生中，回答教学能够促进形成“分析批判能力”的比例仅为30%左右（图4－2）。

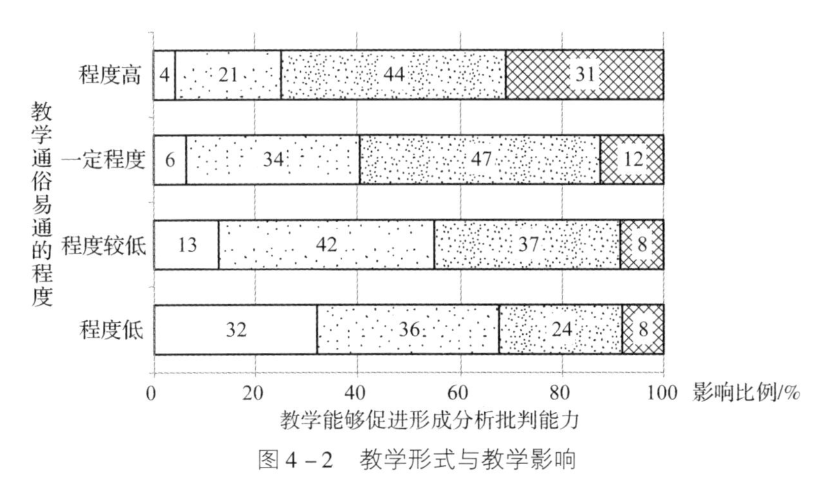

图4－2　教学形式与教学影响

注：在“教学通俗易懂”的不同程度下，学生对“教学能够促进分析判断能力”的回答情况。

如上所述，统计分析的结果表明，积极参与教学活动和课程外的广泛学习能够增强学生的通用能力自信心。那么，影响学生积极参与教学活动和课程外的广泛学习活动的因素又是什么呢？可以想见，教学形式是最重要的因素之一。

在《大学生调查》中，让大学生回答所经历的诸多教学形式。其中，有一条是“能够引起学习兴趣的教学”。这里，对这一条的回答结果和课外学习时间之间的关系进行统计分析，如图4－3所示。

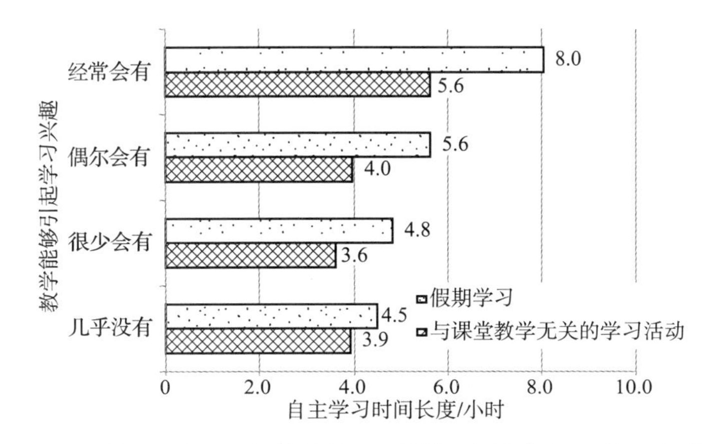

图4－3　“能够引起学习兴趣的教学”回答情况与课外学习时间之间的关系

分析结果表明，两者之间具有显著的正相关。感到教学能够引起个人兴趣的学生的课程外学习时间明显要多很多。这说明，教学形式不仅直接促进通用能力的形成，而且通过课程外学习等方式诱导学生积极自主学习，从而提高通用能力。

4.4 自我认识

在发展的三个侧面中，自我认识尤其难以根据客观指标加以判断。而且，自我认识是学习动机和学习热情的基础，因而也是学习效果的重要影响因素。所以，很难区分出大学课程和生活独自对大学生的学习效果的影响。在此基础上，我们对学生调查的数据进行分析。

《大学生调查》中，有一些项目询问学生的一般感觉。其中，有一个是“没有寻找到自己想做的事情”，回答的选择项为“几乎没有”到“经常会有”的四个阶段。以回答为因变量与前述各节进行同样的回归分析，如表4－4所示。不过，样本分一年级、三年级和四年级分别计算。这里，如果标准化回归系数呈现正值，则说明没有找到自己想做的事情。换句话说，负值说明热情很高。

表4－4 “没有寻找到自己想做的事情”的影响因素

项 目		一年级	三年级	四年级
教学形式	重视出勤	－3.8		
	有中期课题	－4.5		
	激发学习兴趣	－12.4	－12.3	－10.3
	容易理解	－10.4	－9.9	－8.9
	有辅助性的指导	2.4		
	教学评价反馈	－5.3	－6.7	－5.8
	教师要求学生说出自己的意见和观点	－4.5	－8.2	－7
	小组作业	－9.1	－10.8	－9.8
	有价值的教学（教养·通识）	－10	－7.5	－4.7
	有价值的教学（专业的比例）	－17.4	－20.5	－16.8

续表

项　目		一年级	三年级	四年级
辅助性教学活动	新生讲座课程			
	辅修科目			
	学习能力			
	职业生涯规划科目	-5.2		
	实习	-3.7	-7.1	-5.3
	旁听其他学院课程		-3.8	-2.5
	留学经历			
学习行为	课堂出勤	-4.4	-4.2	-4.6
	课前预习	-6.9	-6.7	-7.1
	与课堂教学无关的学习活动	-6.5	-10.3	-11.6
	假期学习	-10.4	-14.7	-16.3
	一个月的读书量（册数）	-3.6	-5.1	-8.5
	努力学习以取得好成绩	-3.9	-7.9	-9.6
	积极参与教学活动	-10.5	-9.1	-7.5
	加权后的成绩	-15.2	-18.7	-18.9
学习欲望和动机	已经决定了毕业后想做的工作	-54.4	-57.2	-53.2
	大学教学内容和未来职业存在关联	-35	-33.5	-30.6
	在教学过程中发现了自己想做的事业	18.2	8.2	
	高度一致	-41.4	-42.4	-35.9
生活方面	社团活动		-3.7	-4.9
	勤工俭学		3.8	
	经常与班级和研究室的同学交流	-10.3	-7.1	-8.2
	女性	-7	-4.2	
	偏差值		-8.5	-7.3
	推免入学			2.9

注：以表侧为自变量，表头为因变量进行单因素回归分析，得到的标准化回归系数（百分数表示）。空白格的值99%无统计学显著意义。

资料来源：根据《大学生调查》计算得出。一年级、三年级和四年级学生的样本烽量分别为11 840人、11 414人和10 588人。

分析结果表明，回答与“高度调谐型”之间的关系呈现较强的负相关。这可以说是理所当然的事情。但是，“通过教学想寻找到自己想做的事情”这一点在一年级时，与回答有一定程度的相关，到了高年级不仅相关性变低也失去了统计上的显著意义。这说明，大学生在低年级希望通过教学解决自己目标寻找的问题，但是到了高年级就失去了这个期待。

同时，学习时间越多的大学生，回答“没有找到自己想做的事情”的比例越少。特别是“与课堂无关内容的学习”“假期学习”和“读书”等项目上的回答与该条目的回答之间有较强的负相关。而且，随着学年的增高，其间的负相关也就越强。这就说明，课堂外的学习不仅能够增加学生的学习量，还能够促进自我认识的成熟。

生活特征也和回答有一定的关系，但是这个关系并不大。特别是勤工俭学，一般认为是促进大学生社会成熟的好方法，但是在这里却看不到它的效果。

需要注意的是，教学形式、有价值的教学的比例、成绩等与回答有较大的负相关。这一方面可以说，一般热情越高的学生，学习动机和学习热情越高，越容易对教学形式给予积极评价。另一方面也可以说，教学形式对学生的积极性形成具有重大影响。

这里，进一步对教学形式对不同动机类型的大学生的影响进行分析，如表4－5所示。结果表明，根据学习动机把大学生分类后，仍然可以看到教学形式对回答的影响。不过，这个影响在不同动机类型中具有差异性。

表4－5 “没有找到自己想做的事情”与教学形式——不同动机类型大学生

项　目	切合型	独立型	顺应型	偏离型
重视出勤				7.8
有中期课题				5.1
注重激发学习兴趣	－6.2	－3.7	－8.4	－3.8
容易理解	－5.5		－6	
有辅助性的指导	4.4		－4.4	－4.9

续表

项　目	切合型	独立型	顺应型	偏离型
教学评价反馈			-6	-6.4
教师要求学生说出自己的意见和观点			-4.6	
小组作业	-2.3		-6.3	-4.5
样本数量	19 159	8 660	13 359	5 638

注：以表侧为自变量，表头为因变量进行单因素回归分析，得到的标准化回归系数（百分数表示）。空白格的值99%无统计学显著意义。

资料来源：根据《大学生调查》计算得出。

最能够受到教学形式影响的是“顺应型”的学生。高“注重引起学生兴趣的教学”的大学生，一般热情也高。这说明，虽然没有明确毕业后做什么，这部分学生却想通过大学学习解决这个问题，对于他们来说，教学形式能够激发他们的学习兴趣。

在“偏离型”学生的身上也能发现同样的效果。对于这类学生来说，作业评价并返还、补习性指导和小组作业能够唤起学习激情。而且，对于切合型的大学生来说，教学形式也能发生一定的影响效果。

只是对于“独立型”的学生来说，教学形式的影响有所减小。这也可以理解为，这部分学生本来就已经具有较高的学习激情，所以并不期待教学能够带给他们多大的惊奇。

而且，“重视出勤”“有中期课题”等控制型的教学形式对学生学习热情的形成并没有效果。对于“偏离型”学生来说，反而有负面效果。

本章的分析结果可以总结如下。

第一，教学形式，特别是参与式教学对通用能力的形成具有极强的效果。虽然这里的能力仅仅是回答者自评的能力，但是，至少可以从中得出结论，参与式教学或者说让学生积极参与教学形成了学生对通用能力的自信。同时，诱导型教学通过有效教学促进学生自主学习从而增强通用能力。

第二，学习动机是影响教学效果的重要因素，特别是在专业·职业能力获得上是最大的影响因素。对通用能力的形成有很大的影响作用。而且，它与学习热情的高低之间也有很强的关系。

第三，自律学习时间对专业·职业能力、通用能力和学习热情都有正向影响。不过，这些影响的程度不及教学形式和学习动机的直接效果那么大。考虑到这是能力的自我评价，可以想见，自律学习时间有可能对学习效果有更深层次的影响。

上述分析结果，与对学习时间的影响因素的分析结果几乎一模一样。这说明，教学外的学习时间、激发学生的学习兴趣的教学和参与式教学能够在激发学生的热情上起到积极作用。

不过，上述分析是以对“没有找到想做的事情”这一项目的回答为基础而成的。虽然这也能够表达一般热情，但是它的强弱程度未必就与自我认识的高低程度相一致。大学教育的基本目的就是使学生不是基于视野狭窄、没有理论基础低层次的“干劲”，而是具有宽广视野、能够理解各种价值体系而以此为基础形成自我认识的人才。

正因为这个原因，不能仅仅从一个维度来衡量大学教育的成果，还需要从青少年成长的动态过程的角度来进一步思考大学教育。

第5章 作为成长场所的大学

第4章从知识和能力的角度分析了学习成果。同时，大学对学生来说，还是个性发展并为将来人生发展打下基础的场所。本章的基本内容如下：5.1节设定青春期人格发展的概念体系，5.2节分析自我认识的相对化和整合，5.3节分析自我认识对大学新生特征的影响，5.4节分析学生社团和兼职等非制度要素的功能。

5.1 成长的动态力学

青春期的人格发展呈现非线性、多个方向、非连续性和复杂的过程。如何看待这个过程？大学作为制度和发展环境，对这个过程具有什么样的意义？以下就从这个角度入手分析。

1. 成长的动态力学

在本书的上述各章中，以自我认识这一概念指称学生的人格侧面，展开分析。正如第3章所说，自我认识是指社会和自己存在方式的把握，社会价值体系的内化以及个人角色·人生目的和目的·行动的一贯性。这个意义上的自我认识，不是一个简单的发展过程，而是经过各种矛盾冲突发展而来。同时，这个发展过程本身具有重要的意义。

如上所述，埃里克森（Erikson，1968：94）认为，个体一生从幼儿期开始要经历若干发展阶段，在每个阶段里都会形成不同的重要的个性特征。其间，特别重要的是，从少年期到青年期的阶段。

少年期的发展任务是，形成完成某个目标的态度，即勤勉性的习得。在传统社会里，主要是通过参加家族里的职业活动获得，在现代社会里，初等和中等教育在勤勉性的形成过程中发挥着重要作用。

青年期则具有两个互相矛盾的侧面：一方面，需要对以前掌握的知识进行重新审视、以求相对化这些知识；另一方面，有必要以此知识为出发点，形成新型的自我认识。为了同时实现这两个目标，在把青少年从社会的控制中解放出来之时，也必须保护它们的新型自我认识形成过程中的脆弱性。这就是埃里克森所说的发展延缓期（moratorium），并非仅仅是免除青少年的社会责任，而是为了形成新型认识而给予他们的义务负担缓期。

这个观点对于思考大学生的个性发展也具有非常重要的意义。从此视点出发，笔者设定了分析的模型（图 5 -1）。在这个模型中，横坐标表示自我认识的深度，即赋予自身所具有的意义。纵坐标表示与自我认识有关的内化知识的宽度和深度。这样，青年期的个性发展就分成三个阶段。

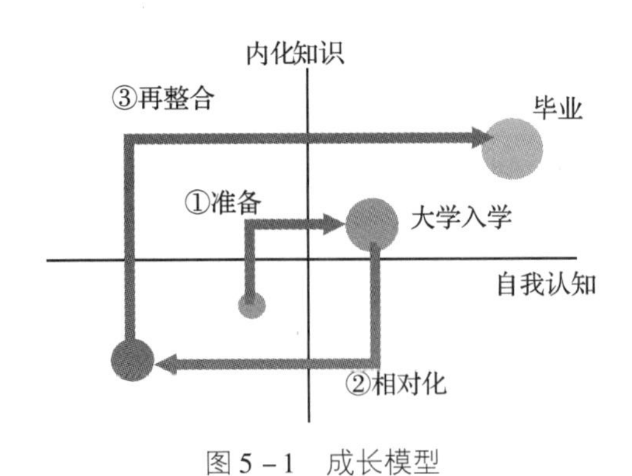

图 5 -1 成长模型

1）少年期至青年期的转折阶段

首先，一般是大学入学之前的个人准备的形成。在传统社会里，大多数青年人，这时候要么继承了家业，要么从事了其他工作。他们已经形成了传统社会的价值观和行为模式。并且通过价值观的内化，形成了自我认识。

另外，出生于特权阶级的青年人，正在以升大学为目标的中等学校里接受古典的分科教育。这些教育虽然是为将来升入大学做准备的，但是，主要是通过死记硬背进行的。作为社会权威制度，中等学校通过毕业考试或者大学升学考试，控制学生，使他们养成勤勉性格。

在日本，在建立现代学校教育制度的同时，传统社会的强制性变弱了。但是，升入高一级的学校对获得社会机会来说非常重要。这样，升学考试选拔对学生而言就成了强大的社会压力。这种社会压力就成为勤勉性格形成的社会力学。

2）随着经验和视野的扩大，已有知识的相对化

大学入学后的学生，面临着知识的相对化和整合的双重课题。

因为直接面对普遍的知识世界，以前形成的自我认识不得不相对化。长期以来，有意识地发挥相对化功能的教育形式是英美的博雅教育。博雅教育以古典知识为题材，教师来纠正学生的偏颇理解、想当然和思维的模糊之处。通过这个过程进行的智力训练，能够让以前的自我认识相对化。

知识对人格形成的重要意义在洪堡型的教育理念中占据重要地位。在理性世界里，真理是绝对的判断标准。认真追求真理就意味着和自己以前的误解和偏见做斗争，抛弃误解和偏见。这样，在对旧习惯进行批判的同时，就让自己具有了崇高的道德。在这个意义上，真理追求的结果就是人格陶冶。

3）再整合

青年的被相对化的自我认识，必须重新整合和修复。它以吸收新知识为基础，把自己的生活方式与未来展望联系起来进行。

在本质上，大学教育在把知识相对化的同时，必须为知识的再整合指明方向。博雅教育本来是把两个侧面有机结合起来，构成一体化的课程。通过教师和学生之间的对话矫正学生的认识偏见，引导学生形成相对稳定的态度和思维模式。在这个意义上，让学生锤炼思维的框架是大学教育的明确目的。

在洪堡型的教育理念中，真理的探索虽然能够带来上述的道德品行，但是却未说明它是否能够带来自我认识的整合。洪堡理念之所以存在如此疏漏，是因为他认为在各门科学中真理的探索最终能够引导学生形成具有宏大体系的世界观。当然，事实上，具有这种认识本身也是自我认识形成的基础。

同时，必须注意的是，大学教育整合功能的发挥，是建立在如下现实基础之

上的，即学生出身于特权阶级，毕业后也会回到特权阶级中去，或者说，毕业后能够确定从事某一职业的工作。例如，对医生和律师等专门职业的大学教育来说，职业所要求的知识体系明确，职业自身要求重视一定的职业伦理。对于学生来说，学生应该学习的知识和自己将来要承担的社会角色和责任紧密不可分。因此，传统意义上的人格发展，只有在一定的阶级和职业体系中才有必要性，同时也才具有可能性。

不过，上述相对化和再整合，未必一定是在不同的时间段发生的。一般倾向是，相对化发生在入学之后，整合发生在毕业前夕。实际上，二者的发生错综复杂，伴随着个人发展的整个过程。

2. 作为成长环境的大学

在相对化和整合的过程中，会产生各种矛盾，同时，也有可能带来人格危机。能够防止这种危机发生的社会机制是，传统大学中的社会集团。在英国，低年级学生与高年级学生共同生活在学生宿舍里。学生宿舍就起到了保护自我认识相对化过程中出现的脆弱性的功能。同样的功能在德国大学里的学生组织中也能看到。在这些社会集团里：学生一方面具有高度自由；另一方面由于具有同一学生文化的同化作用，促进了自我认识的顺利进行。

大学所具有的这种功能在第二次世界大战前的日本高校里也能看到。青少年首先进入旧制高等学校[①]或者说大学预科学习，其后进入大学的各学部和各学科学习。在旧制高校中，学生从考试竞争中的压力中解放出来，在德国式哲学观点论的影响下，形成了哲学思考的浓厚风气。而且，大部分旧制高校实行全员住校制度，崇尚学生自治。如此看来，从旧制高校对自我认识相对化的促进功能来看，可以看作一个独立的教育阶段。旧制高校对学生的强大影响，可以从其毕业生对旧制高校制度的强烈怀念感情中约略看到。

3. 大众化大学和人格形成的功能

上述的传统大学的少年期成长的保护和引导功能，现代大学也同样需要。但

---

① 相当于我国的高中阶段。

是，第二次世界大战后，随着高等教育的大众化和普及化，大学所能发挥的这种传统功能越来越弱。美国高等教育的发展充分说明了这一点。

第一，高等教育大众化意味着入学要求变得舒缓。在第二次世界大战后的美国，高等教育发展被作为机会均高等政策的一个有机组成部分，重视让多样化背景的学生入学，同时课程设置也尽可能应对多样化的学生的兴趣。这样，就相应导致了高中阶段学习习惯培养要求变得松弛。这样，不可避免就导致了大学新生在学力和学习习惯两个方面的准备都不足。

第二，以科学的快速发展为背景，大学必须学习的知识爆炸性增长和高度分化。美国博雅教育的古典中心主义，随着现代科学的发展，以及各种职业训练的内容进入大学，逐渐被蚕食而消失。洪堡理念中的以知识探索为基础，进而各学科整合的理念也失去了影响力。

在这种情况下，战后的美国提出了通识教育。通识教育是以民主主义的市民价值观为基础设计和形成的教育制度。但是，20 世纪 60 年代以来学术革命（academic revolution）（Jenks，et al. 1968）的兴起，导致大学教师重视研究。同时，学生又要求大学传授实用知识和技能。这些都给予了通识教育以压力，与通识教育之间产生了矛盾冲突。

同时，在福利国家中，价值观多样化本身被作为价值观而受到重视。这样，在传统文化和价值观中不具有任何地位的东西被作为知识生产的前沿领域而受到重视。同时，这也被认为是让学生自我认识相对化的有效手段。具有不同意义的对弱势群体的关心，或者说后现代主义大大影响到大学的课程建设也在意料之中。

这种做法似乎好像能够促进学生自我认识的相对化，并进而带来社会价值全体的相对化。但是，却无法提供自我认识形成的契机。布鲁姆（Bloom，1987）从古典的博雅教育的立场出发，认为这种发展趋势侵蚀了美国人的精神。此论一出，顿时引起了巨大的社会反响。此后，从这一点出发，对美国大学通识教育的批判一直是美国大学教育的主要论点之一。

第三，高等教育普及化意味着大学毕业不能带给毕业生特权阶级的社会地位。同时，社会产业结构发展造成职种迅速地多样化发展和职业结构呈现流动化态势。这样，大学生对于自己在未来社会中承担的社会角色很难形成清晰的图像。各种因素共同影响的结果就是，引导大学生自我认识整合的客观条件不复存在。

4. 日本大学的特征

上述美国大学中存在的问题，在日本大学中也同样存在着。不过，在问题的共同性之外，还有一些日本固有的特征。这些特征影响着日本大学的人格形成功能的发挥。

第一，在大学入学之前，学生被迫用功学习。这是入学考试指挥棒作用的结果。局限于接受一定范围内的知识的勤奋学习，同时学生被迫接受具有一元化标准的高考竞争。不过，现在，随着大学入学影响的消失，这种被迫的努力也消失了。

从20世纪90年代起，大学教育机会的供求关系发生了巨大变化。入学考试对勤勉态度形成的强制力，对大部分年轻人来说已经不起作用。与此相反，大学入学之前缺乏勤奋学习经历的学生大量增加。

第二，大学入学时，专业选择的强制性。大多数大学以现有的大学的学部、学科和专业等大学内部组织为基础，进行新生选拔。这样，学生在18岁时，就被迫选择了学习的专业领域和将来的职业领域。与此相比，在美国，除去一部分职业领域之外，大学往往仅仅分为文科和理科。随着年级的升高，再逐渐选择具体专业。在欧洲各国，初等中等教育需要13年，这样，入学选拔就推迟了一年。总之，日本的入学选拔具有自己的特征。

根据学部学科来组织本科课程，并与第二次世界大战后的六、三、三、四学制紧密结合起来。大学的决策组织是学部教授会或其下部组织。本科课程没有按照学生的发展阶段来设计。

这样设计课程的结果是，大部分本科生对自己的将来缺乏明确的信念。当然，如第3章所述，在大学教育的过程中，让学生具有这方面的信念是目标之一。为了形成学生的这个信念，一方面要让学生对将来形成相对具体的形象；另一方面需要自我认识的相对化。日本大学课程设计的特征使学生自我认识的相对化和将来选择的时期发生错乱，对学生成长带来很大的不利影响。

第四，为了减轻年轻人的心理负担和混乱，要求新制大学导入一般教育课程。可是，由于这些课程实际上是大班讲授课，并没有充分发挥应有的功能。

与此相比，研究课程与研究室等小集团社会生活给予了学生精神支持和智力刺激。同时，学生自治组织和各种社团提出了各自的任务与实现任务的目标要求，学生必须为此而努力。这就在多种意义上成了学生成长的契机。另外，虽然兼职是学生获取必要收入的产物，但是，学生也似乎是通过兼职获得社会经验的丰富和社会成熟。

以下就尽可能用具体数据来说明日本的大学教育的特征及其相应的问题。

5.2　自我认识的形成

大学期间学生的人格形成是知识和自我认识的发生力学相互作用的产物，很难使用某些特定的尺度进行测量。在考虑到这一点的基础上，以下就把学生成长的特征分为几个侧面进行分析。

1. 不同类型的逐年变化和成长模式

在第 3 章中，以学生自我认识的程度及其与大学教育之间的关系为轴，把大学生分为四种类型。

四种类型在不同年级和不同专业之间的分析，如图 5－2 所示。这虽然不是直接展示个别学生的成长路经，但是却能够在一定程度上推断出成长发生的一般路径。

图 5－2 显示，大学的四年期间，不同专业之间都存在着差异。“高度调谐型”的比例在人文社科科学中最低，仅仅只有 30%。在理工农等学科也只有 40%。与此相比，在教育、家政和艺术等学科为 50%，医疗和保健学科则高达 80%。

不过，不同领域的比例随学年的变化而变化。学生类型的变化呈现出一定的模式。

特别明显的是“顺应型”的变化趋势。从入学之初到二年级，人文社会学

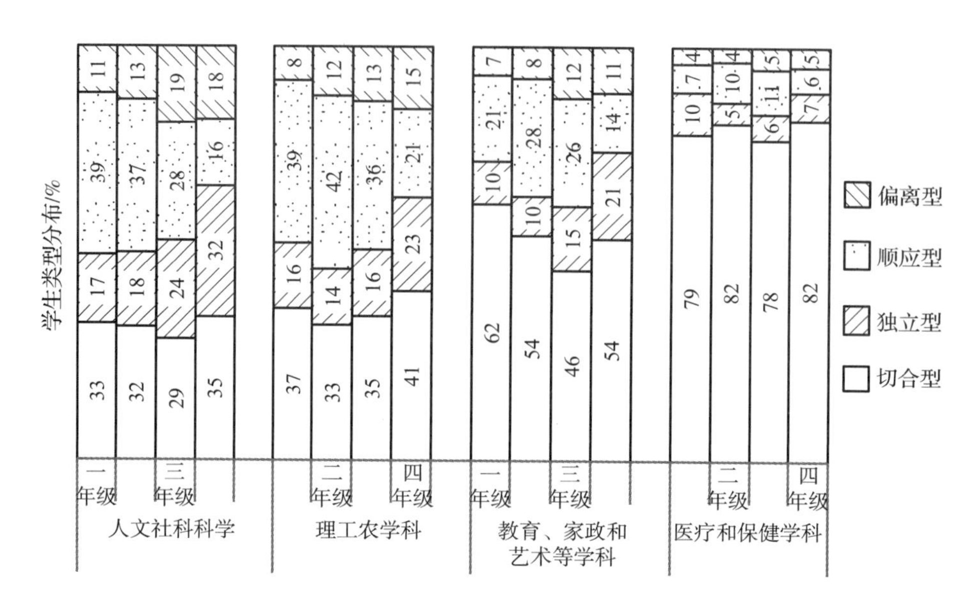

图 5－2　不同年级的学生类型分布情况

资料来源：根据《大学生调查》计算得出。除去“其他学科”这一学科分类。样本数量为 38 523 人。

科几乎没有变化，理工农、教育家政艺术学科则呈现增加趋势，特别是理工农学科增加至 42%。就此可以得出结论，通过大学学习，入学之前形成的专业领域形象在一段时间内被相对化，而后，在不断学习的过程中，发现了新的期望。

然而，二年级以后，“顺应型”的学生比例迅速减少。特别是人文社会学科最为明显，二年级为 37%，三年级为 28%，四年级则为 16%，整整减少了 1/2 还多。理工农、教育家政艺术学科也呈现相同趋势。“顺应型”意味着将来图像的模糊，并期望大学教育能够带来明确性。因此，毕业前夕“顺应型”学生比例减少也许是理所当然的事情。

值得研究的关键问题是，“顺应型”学生是减少了，但是这些学生最终变成了什么样的学生呢？“高度调谐型”的学生的比例虽然三年级之前逐渐减少，到四年级稍微增加，但是，四年期间几乎保持同等比例。这说明，“顺应型”学生变化中的大部分并没有进入“高度调谐型”学生的行列，而是进入了“独立型”或“偏离型”学生的队伍之中。

从对数据的特征的观察中，可以得出结论，那就是，大学生在大学期间的成长可以分为三种模式。

2. “切合型”成长

第一个是“切合型”的成长。学生在与大学教育的强相关中，进一步发展了自我认识。通过在大学阶段的学习，学生不仅相对化了自我认识，最终也深化了自我认识。其中又具体分为两个类型。一种是入学时就是“切合型”，一直沿着同样的路径发展；另一种是“顺应型”，在学习过程中，促进了自我认识的形成。

不过，“切合型”一般在一年级至三年级的过程中，呈现减少趋势，到四年级才会呈现恢复。这种趋势特征在教育家政艺术学科中尤为明显。一年级是60%，到三年级为50%，减少程度非常大。这说明，随着自我将来形象认识的相对化，对专业产生了一定的失望。这在以专门职业教育为目标的教育家政艺术学科的学生中出现，说明他们对入学时的专业选择产生了疑问。从三年级至四年级，有所回复说明，通过具体的就业活动，对自己的将来认识，及其与大学学习之间存在的关系有了正确认识的学生有所增加。

同时，“切合型”学生的大学入学时的自我认识和对大学生活的适应并不是一直保持下去，而是会通过上课等活动，其间产生一定程度的相对化和整合。在《大学生调查》中，有两个问题：“对自己有意义的课程是什么”，以及“课程能够促进思考自己的现状和将来。”把对这两个问题的回答者的比例交叉整理为四个类型，各类型的比例如图5－3所示。从图5－3可以看出，“切合型”的学生的比例最高，而且“切合型”的比例在四年期间一直保持高水平，且逐渐升高。

但是，不同专业有所不同。在医疗保健等专业领域，“切合型”的比例一直在四年期间保持不变。这大约是因为，将来的职业形象非常明确，与职业资格的关系非常密切的课程稠密，缺乏充分的自我认识相对化的机会。

3. “独立型”成长

第二类型是“独立型”成长。学生在毕业之前虽然也形成了自我认识，但是它未必同大学期间的课程学习有关联。有可能入学时就是“独立型”的学生，

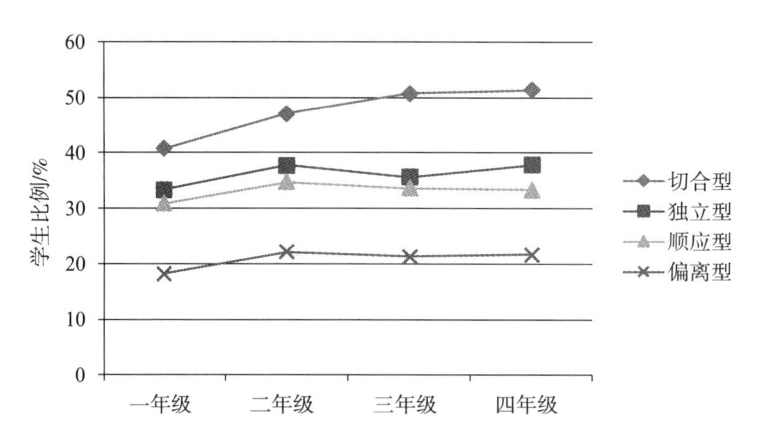

图 5－3 “能够促进自己思考自己的现状和将来”的课程

资料来源：根据《大学生调查》计算得出。样本数量为 45 855 人。

毕业时还是“独立型”的学生。也有可能是，入学时是“切合型”或者“顺应型”，但是直至毕业时，也没有找到教学内容和自我认识之间的关联，而是通过其他渠道形成了自我认识。

如果看一看学生类型的经年变化，就会明显地发现，“独立型”学生比例从三年级至四年级呈现急剧增加态势。特别是人文社会科学领域更为明显。一年级为 17%，四年级则为 32%，几乎增加了一倍，与“高度调谐型”学生比例持平。在理工农专业，一年级为 16%，四年级为 23%。在教育家政艺术专业，一年级为 10%，四年级为 21%，均明显增加。

这些数字显示，在三年级结束至四年级，由于面临就业活动或者研究生入学考试，学生不得不对自己的将来有一些具体的想象。在就业活动时，招聘企业要求应聘者填写登记表，表中要求对自己的特点和将来希望进行完整描述。因此可以认为，学生通过这些活动，实际形成了自我认识。但是，这种自我认识不是通过大学教育，知识长期积累的结果。可以想见，在就业活动这样如同游戏一样的活动中形成的自我认识描述和真正的自我认识之间会有很大的差异。

4. “偏离型”成长

第三种成长是“偏离型”成长。这种类型的学生，在大学入学时没有形成自我认识，在校期间，也没有形成自我认识。或者说，在入学时暂时具有了一定程度的对将来的认识，但是，在校期间，却失去了这种认识，最终也没有能够形成明确的自我认识。

从学生类型的构成比例来看，“偏离型”学生，在人文社会科学专业，入学时为11%，四年级时为18%。在理工农专业，入学时为8%，四年级时为15%，几乎增加了1倍。“偏离型”学生的比例增加，与此同时，如前所述，“顺应型”学生的比例减少。这表明，本来对大学教育抱有期望的一些学生，最后却没有能够从大学授课中获得成长的契机，结果变成了“偏离型”学生。

实际上，在教学评价上，“偏离型”学生在评价教师授课对自己将来的意义时，只有20%持肯定态度。相对而言，比例特别低。这说明，教师的授课没有为这些学生提供自我认识发展的线索。

总而言之，大学中有20%的学生，要么到毕业时也没有能够确定将来希望，要么找不到所接受的大学教育与自己发展之间的关系。这说明，对这些学生来说，大学教育没有发挥本来应该发挥的促进学生人格形成的功能。

5.3　初期条件的影响

如上所述，人生较早时期专业选择的强制性、高考入学备考的社会压力等外部因素要求学生勤勉是日本高中与大学连接点的重要特征。人们常常把教育课程等制度方面的问题看作高中与大学连接的问题，但是，对于个体学生来说，大学入学之前的学习，自我发展和学业准备的充足性等方面都会导致高中与大学的连接上的出现问题。

1. 适合不安及其影响

首先，如果学生在18岁还没有形成明确信念的时候，就被强制进行专业选择，这会给他们什么样的影响呢？

较早时期进行人生职业选择，如果对自己的职业适合性和专业领域有充分了解，选择未必成为问题。在这种情况下的早期选择，反而能够在较早时期进行高度学习，能够较早地进入专门学习，整合自我认识。如前所述，医疗健康领域的选择相对较为容易就是这个原因。

不过，对于多数学生来说，对自己的适合性、学术领域和职业领域的认识并不是一件很容易的事情。其结果是，大学生不能明确将要进入学习的大学是否适合自己的人生目标和学术性向。

在《高中生跟踪调查》中，在高中三年级的11月份，询问高中生符合“不知道自己将来适合干什么”。在入学前夕，询问“对实际能否适合大学专业学习感到不安”的相符程度的程度。统计时，把大学新生抽出来单独统计。其构成比如图5-4所示。

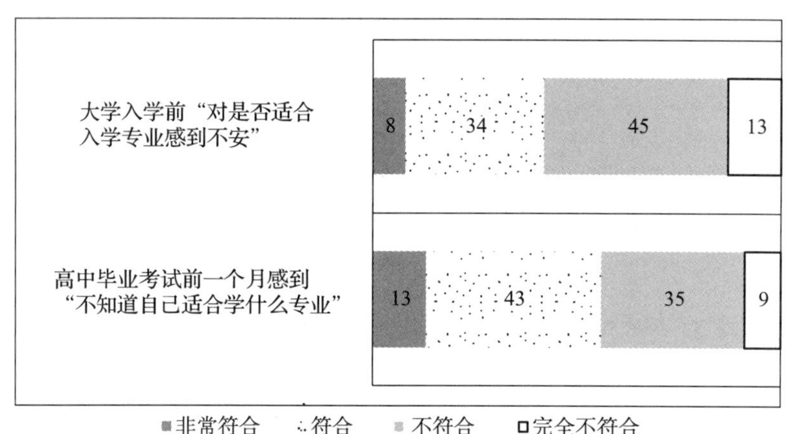

图5-4 对能否知应入学专业感到不安的状况

资料来源：从《高中生跟踪调查》中，抽出大学考试合格者进行计算。样本1665。

图5-4表明，在调查的第一个阶段，对第一个问题回答，“非常符合”和“符合”的合计比例为50%以上。在第二个阶段，对第二个问题回答，“非常符合”和“符合”的合计比例为40%以上。这说明，50%左右的高中生虽然对自己的职业适合性和专业领域适合性没有明确认识，却同样进入了大学学习。

当然，这会给以后的大学生活带来各种麻烦。根据《高中生跟踪调查》的数据，计算出了入学前对专业学习适合性感到不安的学生在大学生活中的基本特征，如表5-1所示。

表5－1 入学前对专业学习适合性的不安以及入学后的状态 单位:%

状态	一年级	二年级	四年级
在大学里没有发现自己想做的事情	24.6	26.5	NA
在大学里改变了自己想做的事	NA	9.8	14
将来人生目标非常坚定	NA	－20.6	－14.7
大学期间形成了自主学习的习惯	NA	NA	－10.7

注：以大学入学前“对实际能否适合大学专业学习感到不安”的回答为自变量，以表侧为因变量，进行单因素回归分析，得到的标化回归系数（百分数表示）。NA表示该问没有出现在该年级的问卷上的情况。只显示显著性水平99%以上的结果。

资料来源：根据《高中生跟踪调查》计算得出。样本数量分别为981人（大学一年级）、989人（大学二年级）、760人（大学四年级）。

表5－1表明，入学时对选择没有明确认识的高中生，这种状态在校期间一直到毕业都会对学生发生影响。这类学生回答“在大学里没有发现自己想做的事情”的比例明显较高。而且，“将来人生目标非常坚定”的比例也很低。另外，回答“大学期间形成了自主学习的习惯”的比例也非常低。

2. 他律性勤勉的消失

随着18岁人口的减少，从整体上来看，高等教育机会的供给出现了过剩。实际上没有经过以学力为基础的入学选拔考试而入学的学生增加。在《高中生跟踪调查》中，2009年，大学新生的1/3在其高中三年级时，在家里的学习时间为不足1小时，如图5－5所示。在这一点上，大学生形成了两极分化。

这个现象，毫无疑问，一方面意味着基础学力的不足；另一方面也表明大学入学前自主学习所象征的勤勉性并没有形成的学生竟占据了1/3。

在这个意义上，大学学习的准备不足会给大学生的学习和人格发展带来怎样的影响呢？《大学生调查》中要求大学生回答高中三年级时的学习时间。这样，就可以比较高中阶段学习时间在1小时以内和以上的两类学生，在大学期间，上课的认识、生活时间和生活观的不同，如表5－2所示。

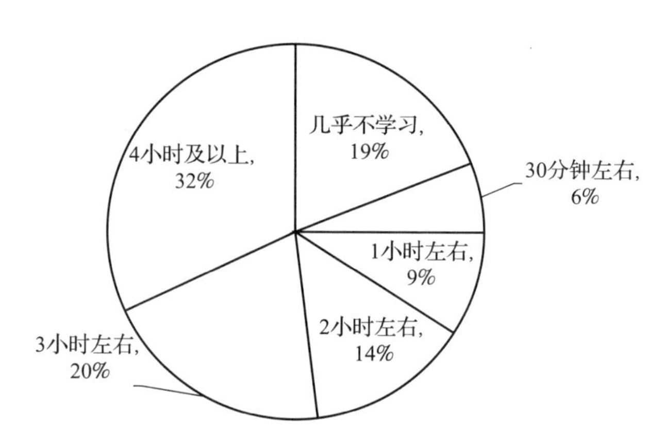

图 5－5 准大学生的高中三年级课外学习时间

注：包括复读生。

资料来源：根据《高中生跟踪调查》计算。样本数 1 957 人。

表 5－2 高中三年级的课外学习时间的不足对于大学入学后的影响

项目		学年/%			
		1	2	3	4
上课的认识	已经决定了大学毕业后想做的工作	－5.5	－5.8	－6.9	－8.5
	课堂学习和想做的事情有关联	－4.9	－7.3	－7.8	－6.5
	通过课堂学习，找到了想做的事情	－3.6	－5.5	－2.3	
生活时间	上课出勤	－11.1	－9.7	－4.8	
	课堂关联学习	－2.4	－4.2	－6.4	
生活观	找不到想做的事情	4.9	3.9	4.9	5.7
	对课堂没有兴趣	4.9	3.9	4.9	

注：用虚拟变量表示高中三年级的课外（在家中、图书馆等）学习时间在 1 小时以下情况，并以此为自变量，以表侧为因变量，进行单因素回归分析，得到标准化回归系数（百分数表示）。只显示显著性水平 99% 以上的结果。

资料来源：根据《大学生调查》计算得出。样本数量分别为 10 388 人（大学一年级）、9 200 人（大学二年级）、10 261 人（大学三年级）、101 220 人（大学四年级）。

表 5－2 表明，大学入学前的学习习惯不仅影响入学后的学习，即使到毕业时它的影响还存在。特别是对“已经决定了大学毕业后想做的工作”和“课堂

学习和想做的事情有关联”两个问题的回答上，入学前的准备不足具有负面影响。而且，在对“通过课堂学习，找到了想做的事情”上也具有负面影响，较少看到光明的未来。入学前学习习惯的影响从一年级到四年级一直存在，甚至有所扩大。

对生活时间的影响也一样。在上课出勤上，入学之初较其他学生为少，但是，随着学年上升，二者的差异有所缩小。在课堂关联学习时间上，不仅入学之初较其他学生少，而且随着学年上升，二者之差逐渐扩大。

进一步以《高中生追踪调查》的数据为基础进行分析。分析时，比较同一个人在高中三年级时的学习时间、大学四年级时就业去向的确定性（研究生升学或就业）、大学毕业一年后对大学生活的评价。这样，就可以看出高中三年级的学习时间对这两个方面的影响，如表5－3所示。

表5－3　高中三年级的课外学习时间的不足对毕业去向以及毕业后的影响

两个方面	毕业去向及影响	大学四年级	毕业一年后
毕业去向	毕业去向的确定	－9.2	NA
	对于就业单位的满意度	－9	NA
对大学经历的评价	朝着既定方向不断前进	NA	－10.5
	促进人格发展	NA	－10.5
	有较大收获	NA	－6.5

注：用虚拟变量表示高中三年级的课外（在家中、图书馆等）学习时间在1小时以下情况，并以此为自变量，以表侧为因变量，进行单因素回归分析，得到的标准化回归系数（百分数表示）。NA表示该问没有出现在该年级的问卷上的情况。只显示显著性水平99%以上的结果。

资料来源：根据《高中生追踪调查》计算得出。样本数量分别为804人（大学四年级）、740人（大学毕业一年后）。

由表5－3可以看出，高中阶段缺乏良好的学习习惯，对大学毕业时就业去向的确定有明显的统计意义。而且，大学毕业后，高中阶段缺乏良好学习习惯的学生对大学生活具有肯定评价的较少。特别是很少具有通过大学阶段的生活自己的人格获得了发展的感受。

由此可以得出结论，在高中阶段，没有形成勤勉习惯，不仅意味着缺少学力，也很难充分利用大学所提供的发展机会。这一点制约了他们的学习和人格发展，而且也使他们缺乏大学生活的成功感和对将来的明确认识。

这里想说的是，高中阶段自主学习习惯形成的重要性，而不是大学生学习产生问题的责任在高中教育。如前第一章第三节所述，在高中与大学之间的关系变得松弛以后，在高中阶段学习时间很短的学生也得以进入大学。因此，大学肩负比以前更为重要的教育责任。

5.4 课外活动的选择和影响

在日本，正规教育课程对学生的影响较少，与此相反，正规课程之外的各种学生活动在促进学生人格形成中发挥了重要作用。许多毕业生认为，社团活动、兼职活动、课外读书、海外留学等毕业后也对自己的生活有很大影响。

1. 社团活动和课外兼职

如前所述，日本大学生的大部分时间都花费在社团活动和兼职上。平均每天的时间分配是，兼职 1.4 小时，社团活动 0.8 小时。合计 2 小时以上，超过自主学习时间。图 5－6 统计了大学一年级至三年级大学生的兼职和社团活动的时间分配。如图 5－6 所示，每周都参加某种形式的社团活动的学生超过 1/2，从事兼职的则多达 2/3 以上。

而且，相对较多的时间用于兼职打工，投入社会活动时间较多的学生少一些。有 29% 的大学生每周有 6 小时以上用于社团活动，但是，实际上，却有 51% 的学生每周有 6 小时用于课外兼职。更有甚者，每周 16 小时用于课外兼职的学生也有 20% 以上。

那么，参加社团活动和课外兼职的动机是什么？分析时，以社团参加 1 小时以上和课外兼职 11 小时以上分别作为两者的操作性指标，各活动的影响因素如表 5－4 所示。

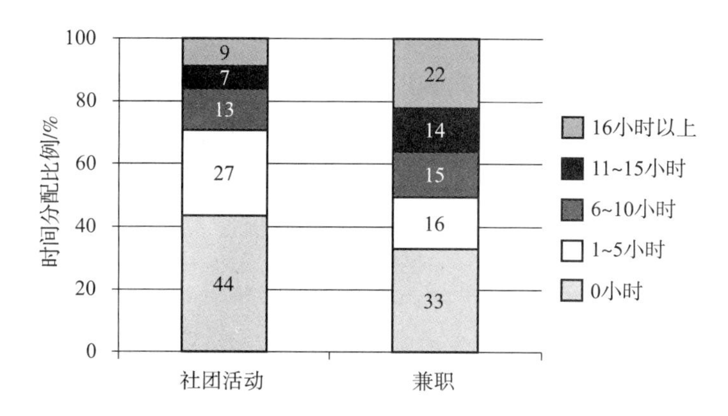

图5－6 一年级至三年级大学生的兼职和社团活动的时间分配（每周）

资料来源：根据《大学生调查》统计得出。样本数量为24 647人。

表5－4 社团活动与兼职的影响因素

项　目	社团活动		兼职	
	住在家里		住在外边	
毕业后想做的事情已经明确	4	4.4	6.9*	7.7*
课堂教学与自己想做的事情有关	6.8*		－20.1*	－18.2*
通过课堂学习，想寻找到自己想做的事情	11.1*	14.3*		
家庭听给予的经济支持	2.7*	2.4*	－18.8*	－7.9*

注：以表侧为自变量，以每周社团活动1小时以上、兼职11小时以上的情况为因变量，进行逻辑回归分析，得出的标准化回归系数（百分数表示）；显著性水平在95%以上的用数字表示；＊为显著性水平在99%以上的情况。

资料来源：根据《大学生调查》统计得出。样本数量分别为16.364人（住在家里）、19 510人（住在外边）。

由上述分析可知，社团活动和课外兼职的影响因素差异明显。参加社团活动的学生，回答“课堂教学与自己想做的事情有关”“通过课堂学习，想寻找到自己想做的事情”的比例也较高。也就是说，他们期望大学教育能够带给他们提高。同时，不管是住在家里还是租房住在外边，这些学生从家庭得到的经济支持也比较多，因此，从经济上来说，所过的学生生活相对较为优越。

课外兼职较多的学生，回答“毕业后想做的事情已经明确”的比例很高，但是对“课堂教学与自己想做的事情有关”呈现明确的否定倾向。换句话说，这些学生是“独立型”学生。同时，家庭所给予的经济支持越少，兼职时间则越长。这种倾向对于住在家里的大学生来说，尤为明显。

如此看来，虽然有经济因素迫使部分学生课外兼职，但是，也有很多学生从事课外兼职是因为大学教育无法期待，换句话说，课外兼职是作为学生追求理想的替代物而出现的。由于课外兼职中可以得到大学教育中得不到的机会，能够接触到社会的方方面面，这成了个性发展的契机。实际上，学生的个性也确实在课外兼职过程中获得了一定程度的发展。

不过，《高中生跟踪调查》也在大学毕业后第一年的时间点，调查了毕业生对大学生活的回顾评论，结果如表 5 – 5 所示。

表 5 –5　大学两年的生活时间与毕业后对大学教育的评价

项　目		沿着高中毕业时的方向在不断前进	朝着一定方向前进着	毕业去向等进入大学之后再考虑也不迟	大学教育带来的收获很大	大学教育促进人格发展	大学生活非常愉快
课堂出勤		7.1		-6.2	8.9		5.8
课程相关学习		14.6	7.3		16.4		
自主学习				6.7			
假期学习		9.6	11.1		13.4	4.3	
社团活动	学期中					10.1	16.3
	假期					7.7	15.7
兼职	学期中	-7.2			7.6	6.1	
	假期	-8.3		6	-7.3	7.2	7.8

注：以表侧各项的活动时间为自变量，以表头各项为因变量，进行回归分析得到的标准化回归系数（百分数表示）。只显示显著性水平 90% 以上的结果。

资料来源：根据《高中生追踪调查》计算得出。样本数量为 317 人。

由表 5－5 可以看出，学习时间越多的学生，毕业后对“大学教育带来的收获很大”的回答越肯定。特别是自主学习时间和放假时仍然学习的时间具有较大的影响。

另外，参加社团活动经验对“大学教育带来的收获很大”的回答没有影响，但是对“大学教育促进人格发展”和“大学生活非常愉快”回答具有正面影响。虽然这个评价未必意味着大学教育已经与目的异化，但是却意味着从另外一个角度来评价大学教育的功能。可以说，作为大学教育的补充，大学教育的消费的侧面受到学生的重视。

课外兼职较多的学生，对“沿着高中毕业时的方向在不断前进”和“大学教育带来的收获很大”两个回答呈现负面影响。换句话说，他们并没有融入大学教育之中。然而，他们却高度评价自己在大学的人格成长。这意味着，他们没有选择通过大学教育课程的学习实现人格成长，而是选择了课外兼职作为人格成长途径的替代物。他们是从这个角度来评价大学教育的经历的。这可以认为是前述的“独立型”成长。

本章的分析结果总结如下。

第一，在大学专业和职业具有直接对应关系的专业领域之外，大部分学生的未来职业形象在入学时都是模糊的。入学后也不见明确化的趋势。在到了高年级以后，当具体的职业选择临近，才初步有了一定程度的明确。但是，这不是大学教育内化的结果。而且，到了毕业前夕，没有确立自我认识的学生也不少。

从自我认识整个这个观点来看，这个现象意味着日本的大学教育没有充分发挥预期的教育功能。这种现象在人文社会和理工农等大众化专业更为显著。在这些领域里，60% 的大学生在没有确定将来的人生形象之前，或者说在没有把大学学习和将来人生连接起来之前，就毕业了。

第二，不难想象，从入学前过度勤勉的社会要求和入学时将来形象的强迫选择中，难以同时产生出入学时学生自我认识相对化和新型整合的要求。社会要求大学教育来发挥这种功能。但是，在细分的专业中，课堂教学未必能够与此要求对应。结果就导致，很多学生很难通过专业学习获得自我认识的形成。

第三，社团活动和课外兼职等比较狭窄的途径代替大学教育发挥了促进学生人格形成的功能。特别是课外兼职的经验成了学生探索自己的社会角色的契机。不过，从这里得到的不过是一些社会技能，未必是通过知识为媒介而形成了的信念和观察世界的方法。

上述分析表明，大学教育和职业之间的关系，对大学期间学生的人格形成具有很大影响，或者说可能发挥巨大影响功能。为此，第 6 章将分析大学教育和职业之间具有怎么样的关系。

第6章 大学教育与职业的相关性

大学期间所受到的教育与毕业后的社会和职业生活之间，有着什么样的关系？同时，这种关系对于大学教育来说，具有什么样的意义？本章的6.1节首先整理大学教育和职业关系的概念体系。6.2节以大学毕业生和企业人力资源管理部门的负责人调查的数据为基础，分析在职场中，大学获得知识技能和职务之间的关系。6.3节分析毕业生中的就业者所感受到的大学教育的意义。第四节分析大学毕业生劳动力市场的发展趋势及其对大学生就业的影响。

6.1 大学教育和职业能力

这里，我们把大学教育和职业之间的关系称为教育·职业相关性。英语的相关性（relevance）一般翻译为日语的适合性，指两者的适合度和整合性。

1. 大学教育·职业相关性研究的视角

更具体地说，大学教育·职业相关性要研究职业·职务和大学教育之间怎样通过知识·技术作为媒介互相联系的。二者之间的关系如下：

[大学教育]–[知识·技能]–[职业·职务]

对于某一位具体的大学毕业生来说，三者之间具有怎样的关系？同时，从整体来看，大学毕业生群体中，三种关系体现为怎样的模式？这是本章分析的要点。

如序章所述，中世纪的大学基本上发挥的是神·医·法三个高度专门职业的人才培养的功能。这时候，各个专门职业和与其相对应的大学教育之间，以专门知识·技能为媒介，具有一贯性的关系。这种二者的相关性可以称为线性相关性。

19世纪以来，在现代产业社会的发展过程中，多种多样的专门职业涌现出来。为其准备的大学教育课程随之产生。这时候，如果在各个职业上，三者之间的关系能够保持一贯性，就增加了新型的相关性连接轴。这样，随着连接轴的增多，大学教育的规模也不断扩到。这种大学发展可以称为发展的古典模式。

在第二次世界大战后世界经济高速发展的时代，这是支持高等教育扩大发展的理论基础（金子，1993）。其后，无意识之间，高等教育就以这种线形相关性作为了发展的前提条件。特别是在欧洲，职业是社会结构的重要基础。因此，保持三者之间的一贯性是重要的社会理念，这个理念进一步成为高等教育的理念。

但是，从现代大学和雇佣的发展历程来看，这种线性相关性扩大的理论不能完全解释大学规模扩大发展的现实。现实是，不仅职业、大学教育和知识·技能也沿着独自的逻辑发展起来，并且呈现多样化。而且，三个因素的各自的变化又互相影响。这样一来，三个要素之间的关系必然会是多层和交错的关系。

这种关系的形成并非偶然，它与促进现代高等教育发展的原动力密切相关。现代化和经济发展意味着各种新商品和服务被生产出来。为了顺利进行生产，就需要相应的组织和技术还有资本。因此，企业和政府的社会功能飞速扩大，这是雇佣大学毕业生的主要源泉。

在这些地方，期待于大学毕业生的不是个人所具有的专门知识，而是作为组织内分工体系的一员，来发挥知识技能的功用。例如，工学和农学的毕业生并不是以独立的专业人员的身份而是以企业和政府组织一员的身份去运用自己所拥有的知识技能。人文社会专业的毕业生也是在承担组织的管理和决策工作的基础上，发挥知识·技能功用的。线性相关性只不过是医学和律师等职业中通过职业资格制度保护而导致的结果而已。

尽管如此，在现有的高等教育理论中，并没有从正面分析这种复合型规模扩大。这是因为，人们认为，线性相关性是高等教育发展的基础，非线性相关性不过是社会矛盾而导致的发展异化而已。即使在职业为重要概念的德国，通过对先行研究的综述发现，通过线形相关性模型的深化来说明高等教育规模扩大的动力机制已经不符合社会现实（Teichler，1992）。

可是，在 20 世纪 90 年代，高等教育普及化和大众化迅速发展，线性相关性模型的非现实性越来越明显。面对这种情况，人们开始使用核心能力（key/core competence）、一般能力（generic skill）等概念，试图更为灵活的把握职业和大学教育之间的关系。这些概念的内涵不仅包括专门职业知识，还包括社会集团内生活所需要的社会技能和获取新知识的能力等。

这种发展趋势出现的契机是，工业发达国家里出现的中等教育毕业生就业难的显著化。在 20 个世纪 80 年代的美国，一方面，制造业生产的国际竞争力出现了问题；另一方面，青少年失业成了社会问题。作为问题的原因，高中毕业生的可雇佣性，即高中教育和作为劳动者所需要的知识技能之间的鸿沟受到了社会的关注。[①] 最初，社会关注的中心仅仅是高中毕业生。可是，这种关心逐渐转移到高等教育上来（Oblinger，et al. 1998，p. 75；Business - Higher Education Forum 1999，2004）。还有人进一步把这个概念与作为大学生基础学力的阅读能力联系起来（The American Institute for Research，2006）。

在欧洲，20 世纪 90 年代开始，青少年失业也成了社会问题。以经合组织为中心，试图定义雇用所必需的资质，通过 DeSeCo（Definition and Selection of Key Competencies）科研项目开发测量方法。这个研究与今天的 PISA 有密切关系。PISA 是中等教育阶段学习水平的国际比较研究项目。同时，欧盟（EU）也开展了研究项目，试图实证分析职业所要求的知识技能和学校所传授的知识技能之间的对应关系。

日本也存在着要提高青年人雇佣能力（employability）的观点。从此观点出发，政府经济产业管理部门把青少年应该具有的能力定义为人间力或者社会人基

---

① 最初，职业适应性为心理学者所关注，积累了相当多的多样的研究成果。具有实用性的职业适应性研究也有美国劳动部颁布的职业手册，上面列举了不同职业的适应性条目。与此相应，美国劳动部（1991）的 SCANS 科研项目用“competencies”一词把在学校各科目中习得的知识和职业能力之间的关系连接起来。

础力（内阁府 2003，经济产业省 2006）。[①]

不过，从上述概念的发展过程来看，大学教育中的能力概念自身，是为了弥补原有的线性相关性模式解释现实不足的缺陷而产生的，具有主观任意演绎而来的强烈特色。为此，作为现实的分析概念尚存在很多模糊的地方（小方，2001）。这个概念产生的意义在于，与线性模式相比，它提供了多层相关性的观点。

2. 日本的特征

那么，多层相关性是什么？以下，就想从这个观点出发，观察日本社会里的大学教育和职业之间的关系的实际状况。我曾经把这个日本的特征总结为日本模式（金子，2007）。日本特征的关键点有一些几个方面。

（1）在职场里，必须完成的任务具有多样性和特殊性。完成任务所需的实际知识（职务知识）作为职场内在的东西被所有人共有，通过职场的工作人员之间的社会关系而传承。换句话来说，在职训练（on the Job Training，OJT）发挥了重要作用。同时，职务知识是职场集团创造的产物，又为他们所发展。效率性通过职场集团的知识开发和学习而获得。

因此，企业所要求于大学毕业生的，不是他们个人所积累的专业知识，而是能够较好地吸收 OJT 的知识的一般学习能力。同时，进入到职场集团以后，接受其中的社会关系，扮演好这个纵横交错的社会关系所赋予自己的社会角色也是重要的资质。在这个时候，拘泥于自己的专业知识，当然就成为职场知识学习的障碍。因此，企业对大学生的个人专业知识持否定态度。

（2）为了有效地进行职场知识的形成和传承，职场里就需要一定的职务分担的原则。成为基本标准的是年龄和职阶。首先，让年轻人担任比较单纯的职务，通过企业内的转岗经历若干职务的学习；然后，逐渐地担任较为复杂的高职务。青年人的工资被压得很低，随着年龄的增长，工资也会大幅增长。这样就形成了长期学习的经济动机。

---

① 具体来说，他们提出了如下能力：行动能力——主体性、说服能力和实行能力，思考能力——发现问题能力、计划能力和创造能力，集体工作能力——发信能力、倾听能力、柔软性、状况把握能力和规律性等。

采取这种人事管理措施的企业，一般在大学毕业时聘用一批新毕业生，同时进入企业的大学毕业生就作为同龄群体。同时接受在职培训和企业内转岗。在这个过程，不同人员完成工作任务的业绩不尽相同，这个业绩就成了企业把他们晋升为管理干部的重要依据。因此，大学应届毕业生的聘用在企业人事制度中起着重要的作用。企业聘用有工作经验的人员仅仅在有特殊需要的情况下进行。

（3）在这种人事制度中，企业要求的是一般学习能力。在鉴别一般学习能力优劣上，毕业大学的选拔性发挥了重要功能。另外，企业规模不同，工作人员的待遇也差别很大，企业越大待遇越好。因此，在应届毕业生劳动市场上，就出现了为了获得更好的就业单位毕业生之间的激烈竞争，以及为了得到更好的毕业生大企业之间的激烈竞争。由于参加工作时点就决定整个职业生涯的企业归属，这进一步促使竞争的激烈化和早期化。

长期看来，进入高选拔性的大学学习能够带来较好的工作待遇，这导致了入学竞争的激化。另外，高生产性企业能够聘用到一般能力高的大学生，生产力进一步提高。这样的大企业更易成为大学生希望就业的地方。最终形成了社会制度的循环。而且，由于大企业具有垄断性，能够把青年人的工资抑制在较低水平。特别对技术工人来说更是如此。

上述动态机制是日本所固有的，还是国际社会所共有的呢？对此尚有讨论的余地。在一定程度上，通过长期雇佣而获得经验的积累是白领阶层的国际共性（小池，等. 2002）。同时，在大学间的选拔性差异非常明确的国家里，大学选拔性的不同能够带来就业率和工资的不同。在美国，与年龄集团相比，大学的专业和研究生学历更能够为毕业后的工作待遇带来影响。根据日本和欧洲的比较研究来看，日本的本科学历青年工作人员的职务和专业职业的相关性非常低，而且工资也非常低（Teichelr et al. 2007；吉本，2001）。

而且，上述日本模式，是把其中的一般性放大而言的。日本模式并不存在于所有日本的大学毕业生之中。即使在日本，人文社会科学的毕业生和理工科毕业生之间也存在差异。虽然上述模式适用于大企业，但是并不适用于规模较小的企业。更值得关注的是，这种模式本身也在发生变化。

3. 相关性研究的理论框架

上述分析提供了分析大学教育与职业·职务之间关系的多重相关性的视角。下面就以此为基础，设定相关性研究的概念框架（图 6－1）。

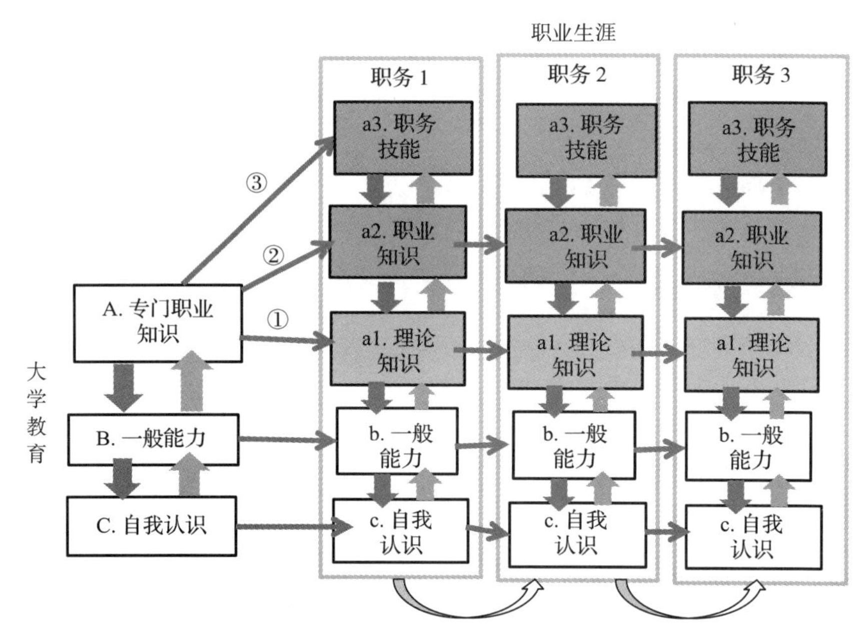

图 6－1 大学教育与职业·职务之间的关系

这里，参照第四章第一节的分类，对大学教育的结果进行分类。毕业生所具有的知识技能就是大学教育的结果。它分为 A. 专门职业知识、B. 一般能力、C. 自我认识等三类。

另外，在职场中发挥作用的知识技能，与此相对应也可以分为三类，即 a. 职场使用的专门职业知识、b. 职场使用的一般能力、c. 职场的自我认识等。

a. 职场使用的专门职业知识可以进一步细化为三个小类：a1. 理论知识，指理论相关的知识及其运用能力；a2. 大学的职业相关的课程中学到的与特定职业相关的知识体系和技能；a3. 与职场里实际职务相关的各种具体知识和技能以及职业志向等。这里可以把 a3 称为“职务知识技能”。它是在大学获得职业知识技能的基础上，在职场中获得的。

为了让员工形成 a3 的知识技能，企业使用各种各样的方法。既有直接传授这种知识技能的制度化的训练课程，也通过职场集团的知识共有，让新来的大学毕业生吸收这些知识。作为基础，上述的理论知识、一般能力和自我认识发挥了重要作用。

职务技能，不仅仅是已经存在于职场中和具有固定形态，而且必须适应不同的状况和需要不断变化和新生。这在新形势出现时最为典型。为了满足新形势所提出的新需要，以既存的职务知识为基础，甚至回至更为基础的理论知识，从更为广泛的视角来观察新形势和寻找解决方法。在这个过程中，推理能力和思想交流能力也发挥重要功能。

在服务业中，新兴服务出现时的情况也是一样。不仅需要从来的以经验为基础的职务知识，为了预测社会对新兴服务的需要和想象发展的可能性，就需要作为一般能力的推理能力和思想交流能力。更需要说服别人的阅读和写作能力。从这个意义上来看，b. 的一般能力不可缺少。

在上述的任何情形下，均要求工作人员能够自觉意识到自己能够在新职务中所扮演的角色和参与意识。这样，c. 自我认识就发挥重要作用。

这种职务能力，以原有的职务知识为基础，通过大学所学的理论知识、一般能力和自我认识之间的互动，而得到形成和发展。在大学里，专门职业知识的获得既促进了一般能力和自我认识的发展，同时也以一般能力和自我认识的获得为基础。因此，职场的职务能力的形成和大学的职业能力的形成机制相同。因此，需要把大学教育和职业之间的联系看作是不同能力阶层间的动态相关。①

如果沿用上述理论框架，就不能不重新思考大学教育与职业・职务之间的关系，认为二者之间存在着高度错综复杂的关系。不能不说，设想建立一种能够直接对工作有用的大学教育的观点本身只能是一种幻想。但是，在承认二者之间具有错综复杂关系的前提下，解答下述问题就非常重要。为了让个人的职业生活更为丰富，大学教育应该如何进行呢？

---

① 矢野（2004）的研究发现，理工学科毕业生在企业中的晋升与在校时的读书习惯之间具有相关性。

6.2 职务·职业和知识·技能

根据上述设定的理论体系，以《大学毕业生工作人员调查》的数据为基础，分析大学教育和职业之间关系的特点。不过，这个调查以在私有企业工作的2.5万大学毕业生为对象，不包括在中央政府、地方政府、学校和医院工作的人员。

1. 作为基本类型的职业体系

这里，作为分析线索的是，从大学到职业移动的路径的类型。日本企业在招聘应届大学毕业生时，分成四类：①事务·营业；②技术；③不包含在上述两者之内的，根据大学的专业划分的专门职业；④其他。[①] 这些就构成了日本大学毕业生的职业体系。

根据这个分类，从《大学毕业生工作人员调查》的回答，可以推断出日本大学毕业生的入职路径。结果如图6-2所示。“事务·营业”职务占60%，“技术”职务占30%，“专门职业”职务占10%，“其他”的不到10%。如此看来，日本的大学教育和职业之间联系的路径主要分成三类。

第一，对于“事务·营业”占全体被调查者的60%这一点，根据前述的分析模式可以作出如下解释。沿此路径进入工作的大学毕业生，企业所期待与他们的，与其说是大学教育获得专门知识，不如说是在大学期间形成的一般能力以及它对今后吸收职场知识的功能。从大学专业来分，这类学生在人文学科有80%左右，在教育、心理社会、农学、艺术、家政等学部有50%左右，在理工学部有30%左右。

第二，工学、理学、农学等学部到技术职的就业路径。企业期待这些毕业生

① 在《大学毕业生工作人员调查》中，设定了如下问题：“你以什么样的身份进入企业工作的？”对这个问题，回答“事务·营业类型”的归为①事务·营业，回答“技术类型”的归为②技术。在回答“其他类型”的回答者中间，根据他们对下述问题“你现在的工作单位招聘你时，如何评价你在大学所学专业的作用的？”的回答进行分类。把回答“非常看重”和“看重”的两类归为③，把其他的回答者归为④。

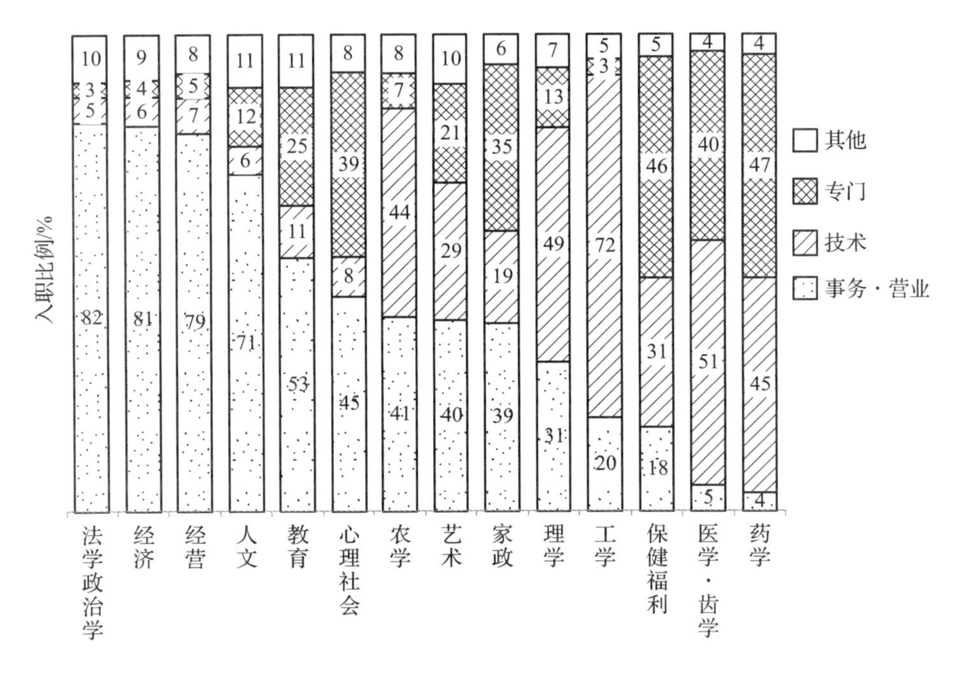

图 6－2　出身学部别的入职路经

能够以所学到的自然科学和工学的基础理论知识为基础，形成职场知识。工学部毕业生的 70%、理学部和农学部毕业生的 50% 左右都是沿着这个路径就业的。

第三，大学教育与特定的职业紧密相关，企业期待毕业生就业后能够活用这些知识。这属于“专门职业”就业路径。沿着这个路径就业的约占调查对象的 10%。比较典型的是医学、齿学、药学、保健福利关联的学部、以及教育、心理社会、艺术、家政等学部的毕业生沿着这条路径就业。不过，这个路径与技术职业就业路径之间存在某种程度的重合。

2. 大学专业和职务

那么，大学所学的专业知识技能对实际的职务来说，究竟具有什么样的意义？在《大学毕业生工作人员调查》中，有如下问题：“大学所学专业知识技能在工作中是否得到应用了？”，回答“完全符合”的有 10%，回答“一定程度符合”的有 30%。与此相比，回答“不符合”的有 60%。很明显，大学所学的知识技能很少能够直接在职务中得到应用。

不过，应用程度在不同职业类型中存在差异。如图 6－3 所示，在“事务营业类型”中，回答“非常符合”的几乎没有，加上“某种程度符合”的回答者也只有 30% 左右。即使在大学教育被认为非常重要的技术职业，回答“非常符合”的也不到 20%，加上“某种程度符合”的回答者也只有 60% 左右。另外，对于专门职业来说，回答“非常符合”的有 40%，加上“某种程度符合”的回答者，共计有 80% 左右。

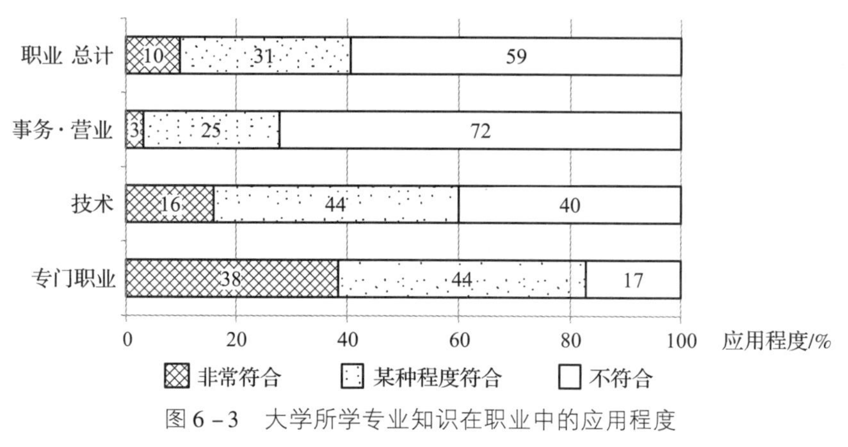

图 6－3　大学所学专业知识在职业中的应用程度

资料来源：《大学毕业生工作人员调查》。样本数量为 23 862 人。

如果把一般能力考虑进去，结果又会如何呢？在《大学毕业生工作人员调查》中，对顺利完成现在的工作所需要的能力设定了几个问题。不同职业类型对这几个问题的回答，如图 6－4 所示。

第一，从图 6－4 可知，被调查者对大学所学的学术性专业知识在实际工作中的必要性并没有给予很高的评价。认为“学科领域的思维方法和知识”和“统计和数学推力等数学能力”必需的，即使包括技术职业和专门职业在内，也不过只有 30% 而已。

第二，很明显，对一般能力的要求非常强烈。同他人之间的交流能力、明白易懂的文章的写作能力、个人素养、逻辑思维能力等方面，认为对“工作非常重要”的比例为 50% ~90%。

第三，职务相关的具体知识非常重要。事务营业类型的 60% 和技术类型 · 专门职业类型的 80% 认为职务相关的具体知识非常重要。

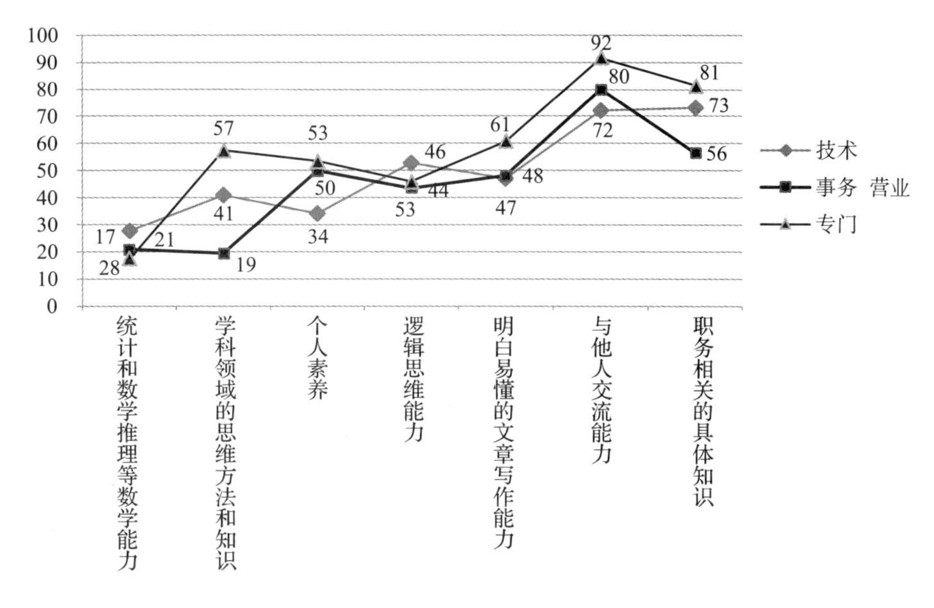

图 6－4　不同职业类型的工作必备能力

资料来源：《大学毕业生工作人员调查》。样本数量为 23 340 人。

3. 职业中的职务

不过，上述对知识技能的要求随着具体职务的变化而变化。

首先需要明确大学毕业生都担任了哪些职务。日本企业的基本特点是，不是根据拟定的职务来招聘员工，随着员工年龄的增长，所担任的职务会发生很大变化（小池，等. 2002），《大学毕业生工作人员调查》在调查员工年龄的同时，也询问其承担的主要工作职务。以此为基础，统计了不同年龄层、职务级别的大学毕业生的情况，如图 6－5 所示。

由图 6－5 可以看出，大学毕业生所承担的职务确实随年龄的增长而发生巨大变化。特别是从事“具有固定程序的工作”的多为年轻的大学毕业生。这在事务营业类型的 20 多岁的年龄段为 40%。此后，随年龄的增长而减少。“接待顾客”的工作也是 20 多岁年龄段为最多，以后逐渐减少。专门职业类型中，以“接待顾客”为职务的比例最多，在 20 多岁和 30 多岁两个年龄段，达到 40% 左右。

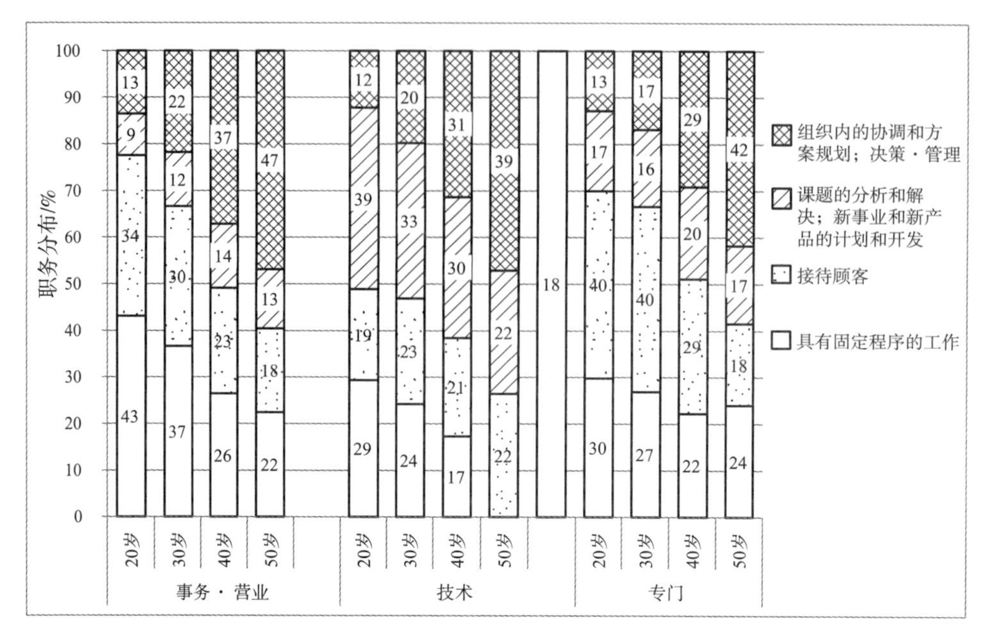

图6－5 各年龄段的职务分布

资料来源：根据《毕业大学生工作人数调查》计算得了。样本数量为20 829人。

在从事“课题的分析和解决”和“新事业和新产品的计划和开发”职务中，技术类型最多。这是工程师的中心工作。技术类型在20多岁占40%，30多岁和40多岁占30%，50多岁减至20%。事务营业类型以此职务为主业的比例非常少，只有10%左右。但是随着年龄的增长，呈现微增趋势。专门职业类型在不年龄段之间保持在20%左右。

第三，从事“组织内的协调和方案规划”和“决策・管理”工作的比例随着年龄增长明显增加。这在事务营业类型中尤为明显。30多岁和40多岁的年龄段增至40%左右，50多岁年龄段又增至50%左右。技术和专门职业也很明显。40多岁年龄段为30%，50多岁年龄段则增至40%。

这样，可以得出如下结论，在企业内，日本大学毕业生的职务虽然具有一定的专门性。但是，以40岁为界，其后迅速变为管理人员。这不仅体现在事务营业类型的工作人员中间，技术类型和专门职业类型的人员也同样如此。

4. 职务与知识・技能

大学毕业生担任的职务不同，其所需要的知识・技能也应该不同。《大学毕业生工作人员调查》中，向被调查对象询问他们在现在的工作中，各种职务的比重。据此从而计算出每个人的职务权重。[①] 以这个权重作为自变量，以各种知识技能的需要程度作为因变量进行单因素回归分析，如表6－1所示。结果中所体现的主要特征总结如下。

表6－1　职务与必要知识・技能

项　目		必要知识・技能						
		统计和数学推力等数学能力	学科领域的思维方法和知识	个人素养	逻辑思维能力	通俗易懂的文章写作能力	与他人交流能力	职务有关的专业理论知识
职务权重	具有固定程序的日常职务	－4.6	－4.8		－8.9	－4.7	－5.5	－5.6
	顾客的协调和对应		5.8	10.8	1.3	4.6	25	7.6
	新型职业和商品的计划和开发	15.1	13.5	5.3	15.2	11.9	5.7	9.6
	问题的分析・解决	23	20.3	10.1	31.3	23.9	14.2	23.7
	组织内的协调和政策制定	13.3	8.2	12.4	20.9	20.9	19.2	12.5
	决策和管理	15.4	9	10.2	19.8	16.1	14.1	11.3

注：以各职务权重作为自变量，以各种知识技能的需要程度作为因变量进行单因素回归分析，得到的标准化回归系数（百分数表示）。只显示显著性水平99.9%以上的结果。

资料来源：《毕业大学生工作人数调查》。样本数量为24 337人。

---

① 对于各个问题，回答“有”的计为100分，回答“有一些”的计为50分，回答“几乎没有”的计为0。计算所有六个问题的回答的得分总和。然后，以此为分母，以各项目的回答为分子，计算各项目回答的权重指数。

第一，在完成“具有固定程序的日常职务”时，对知识技能的需要程度非常低。标准系数呈现具有统计显著性的负值，说明这种职务权重较大的毕业生感到职务对知识技能的要求比较低。“顾客的协调和对应”职务对知识技能的要求有所增加，特别是与他人的交流能力和一般素养得到了某种程度的要求。

第二，在“新型职业和商品的计划和开发”和“问题的分析·解决”两种职务中，被调查者认为所有知识技能的需要程度都很高。“职务有关的专业理论知识”的必要性较高是理所当然的事情。但是，逻辑思维能力、通俗易懂文章的写作能力等基础能力的必要性也非常高。同时，数学能力和特定学术领域的思维方法也具有很高的必要性。在这个意义上，一般所谓的知识技能的需要，在从事这种职务的大学毕业生身上明显地体现了出来。然而，对于这个特征，需要注意的是，担任这种职务的大学毕业生，在技术类型中，只有30%，在事务营业类型中只有10%，在专门职业类型中只有20%。

第三，与上述职务所需要的知识技能不同的是“组织内的协调和政策制定”和“决策和管理”两种职务。与“问题的分析·解决”职务相同，这两类职务也要求宽泛的知识能力。但是，却未必要求很高的“特定领域的思维方法”。当然，包括数学能力和逻辑思维能力在内的一般能力的必要性却很强。

不过，这里需要注意的是，“与他人交流能力”的内容。可以想见，“顾客协调·对应”职务所要求的“与他人交流能力”与“决策和管理”所要求的该能力的内容差异很大。分析时，必须注意到这种差异。

总而言之，①大学毕业生年轻时，一般担任“具有固定程序”或“顾客的协调与对应”的职务。担任这种职务，除去“与他人的交流能力”之外，其他的具体的知识技能的重要性感受不到。②在技术类型中，担任“问题解决”职务的有1/3。这种职务，强烈要求经过学习才能获得的专业知识、逻辑思维能力和写作能力等。③所有的职业类型中，从30～40岁的年龄段，担任管理职务的人越来越多，他们意识到这类职务需要广泛的知识技能。这些知识技能不仅包括与他人的交流能力、也包括逻辑思维能力和数理能力。

5. 知识技能的经济回报

从回报这个角度来看一下知识技能，结果会是如何呢?[①] 以个人特征、职务权重、必要的知识技能为因变量、以年间工资额为因变量，进行多变量回归分析。在控制了其他变量的影响之后，知识技能对工资的影响程度的分析结果，如表6－2所示。

表6－2　决定工资的因素——多变量回归分析

项　目		职业	事务营业	技术	专门
个人特征	年龄	48.8***	48.8***	54.4***	51.6***
	女性	－15.2***	－15.5***	－10.9***	－16.4***
	工作人员规模	14***	13.6***	18.6***	6.5***
	毕业大学的选拔性	12.8***	12.4***	11.9***	15.3***
职务权重	有固定程序	－6.3***	－5.5***	－5.8***	－2.5
	顾客的协调和对应	－4***	－3.8***	0	－3.4*
	新型职业和商品的计划和开发	2.3***	0.4	3.2**	4.1*
	问题的分析·解决	0.8	2.3**	1.1	－2.5
	组织内的协调和政策制定	7.2***	6.7***	8.8***	1.2
	决策和管理	15.1***	15.6***	12.9***	14.5***
必要的知识技能	统计和数学推理等数学能力	－0.7	－4.1***	0.2	3.2*
	各学科领域与思维方法和知识	－1.2*	－1.5*	－0.7	3.4*
	个人素养	1.1*	1.4*	－0.1	1.6
	逻辑思维能力	4.5***	3.9***	2.9*	3
	通俗易懂的文章写作能力	1.6**	1.8*	0.5	－0.7
	与他人交流能力	－1.2*	－0.8	1.2	－3.3*
	职务相关的专业理论知识	2.5***	2.9***	1.3	－0.5

注：以年间工资额为因变量，以各项目为自变量，同时输入得到的偏回归系数（标准化，百分数表示）。显著性水平，* 90%为显著，** 99%，*** 99.9%

资料来源：根据《毕业大学生工作人员调查》计算得出。样本数量分别为职业20 139人、事务·营业11 459人、技术4 670人、专门1 942人。

---

① 松繁寿和（2004）曾经研究过大学毕业生工资的影响因素，特别是大学学习经验与工资之间的关系。

很明显，日本大学毕业生的工资受到年龄的巨大影响。这再次证明了，在日本社会中，年功序列制之强。同时，企业的工作人员规模、毕业大学的选拔性也各自对工资有一定程度的影响。

在控制上述因素的影响之后，职务内容对工资的影响非常小。“有固定程序”和“顾客的协调和对应”的职务内容的影响为具有统计显著性的负值。职务内容对“课题解决”的工资没有统计影响。与此相比，“决策和管理”的职务内容对工资有正向统计影响。这说明，只要担任“决策和管理”职务，即使比较年轻也能够获得较高的工资。

知识技能对工资的直接影响非常小。在事务营业类型中，“逻辑思维能力”和“职务相关的专业理论知识”仅仅具有较小的负面影响。其他职业类型没有呈现统计显著性的影响结果。

当然，以上的分析结果并不意味着，知识技能完全没有经济回报。在日本的企业体系中，可以说，知识技能被内含在职务之中。随着年龄的增长，进入到管理人员行列。知识技能长期发挥作用，并带来经济回报。也就是说，知识技能本身不直接获得经济回报，而是在经历了很长周期之后，通过在企业的具体职场中的晋升历程体现出来，获得间接回报。

而且，表6-2没有显示出工资之外的从工作中得到的心理满足感。在调查问卷中，询问被调查对象工作中能力的发挥程度。对此问题，不管年龄大小，从事“新型联业和商品的计划和开发”和“问题的分析·解决”职务的大学毕业生工作人员的回答结果的数值较高。这表明，在职务完成过程中，知识技能的活用至少能带来工作上的满足感。

6.3 企业和企业劳动者眼中的大学教育

在企业和劳动者的眼里，大学教育是一幅怎样的形象？同时，他们要求大学教育提供什么？

1. 聘用标准

企业要求大学毕业生具有的东西最具体地体现在大学毕业生的聘用标准上。

在《企业人力资源管理者调查》中，向人力资源管理者询问了聘用大学应届毕业生时重视的项目，如图6－6所示。

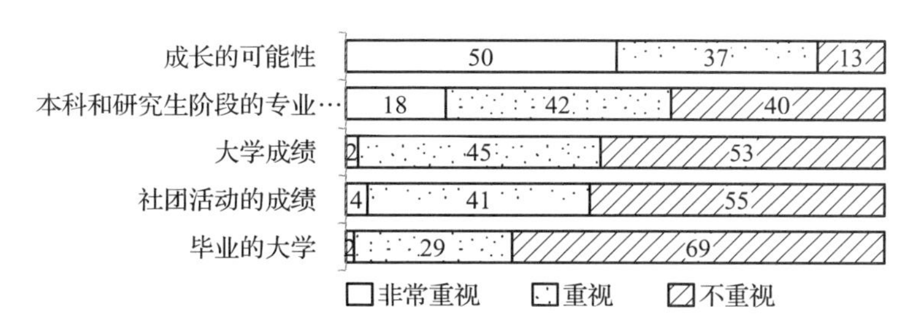

图6－6　聘用大学应届毕业生时重视的项目（%）

资料来源：根据《企业人力资源管理者调查》计算得出。样本数量为8 156人。

结果表明，“毕业的大学”“社团活动的成绩”“大学成绩”等方面、实际上很少得到重视。“本科和研究生阶段的专业”一定程度得到重视，但是，这有可能是事务营业类型和技术类型混在一起统计造成的结果。与此相比，更得到重视的是，成长的可能性。其中，有一半回答“非常重视”、如果把回答“重视”的加上，则接近90%。

这个结果表明，日本企业在聘用新大学毕业生时，虽然也使用各种职业适应性测试来检查应聘者的能力，但是，实际上却高度依赖应聘登记表的资料和面试结果。

这背后的原因是，日本企业里所具有的职务和知识·技能之间的关系。个别的知识技能并不能发挥效用，而是在一定的职务环境中，尤其是在一定年龄之后，在管理的岗位上才能发挥知识技能的功用。因此，企业重视大学应届毕业生的成长可能性是理所当然的事情。

2. 对应届大学毕业生的评价

那么，从这个观点出发，人力资源部门负责者认为，对最近的大学毕业生来说，什么东西是最需要的？《企业人力资源管理者调查》中，调查了他们对最近的大学毕业生的评价，如图6－7所示。

现在的日本社会常常评价说，目前的大学毕业生的人间关系能力、理论思维

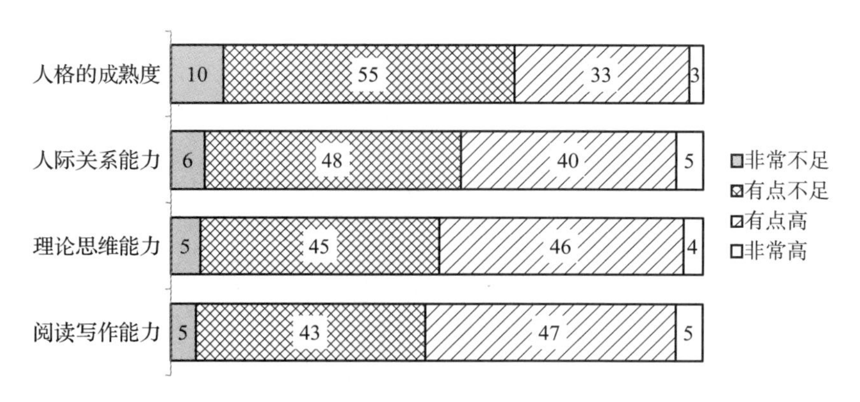

图 6－7 对最近的大学毕业生的评价（%）

资料来源：根据《企业人力资源管理者调查》计算得出。样本数量为 7 259 人。

能力和阅读写作能力等方面存在不足。图 6－7 所示结果表明，实际上，企业人力资源管理者认为“不足”的还不到 10%，如果加上“有点不足”的回答，则达到 50% 左右。另外，认为“高”的也很多。因此，可以说，社会对大学生这些能力的评价是正负各占 1/2。

另外，评价比较低的是“人格的成熟度”。认为“非常不足”的有 10%，加上“有点不足”的评价就接近 70%。同时，“大学毕业生劳动者调查”也有同样的问题，回答的结果也基本一样。

如果回到本书前述的理论模式来思考这种现象，可以说，企业所要求于大学毕业生的不是专业知识。同时，大学毕业生的一般能力也未必被认为多么不足。企业认为重要的是，作为知识技能基础的自我认识的成熟度。聘用时重视面试是因为自我认识成熟度鉴别无法通过客观方法进行。

企业认为大学毕业生的自我认识成熟度存在问题可能有不少原因。首先，由于现代青年人生活经验狭窄，造成了自我认识和自己的社会角色定位的认识的不足。这些不足在企业人力资源管理者看来，也许特别刺眼。

如前所述，由于青年人多被派做固定程序的职务或简单的工作，则他可能感觉不到能力得到了发挥。这可能是导致年轻大学毕业生高离职率的原因。在这个意义上，如果把一定期间的忍耐能力看作“成熟”，那么，这些青年人很可能被认为是不成熟。

另外，企业所要求于大学毕业生的是，在多样化的背景下，能够进行准确的判断、以此为基础采取行动的能力。为此，不仅仅需要专门知识和一般能力，把各种经验整合并积累成自己独有的知识技能和思维方法不可缺少。而人格成熟则是其基础。从这个意义上来说，企业重视大学毕业生的人格成熟度理所当然。这也就是聘用时重视成长可能性的原因。

3. 必不可少的大学教育

对企业来说，什么样的大学教育属于必要的？《大学毕业生劳动者调查》对大学教育的应有姿态和现状进行了若干侧面的调查。其中，作为大学目标“非常必要”和现在的大学教育“非常成功”的回答比例，如图6－8所示。

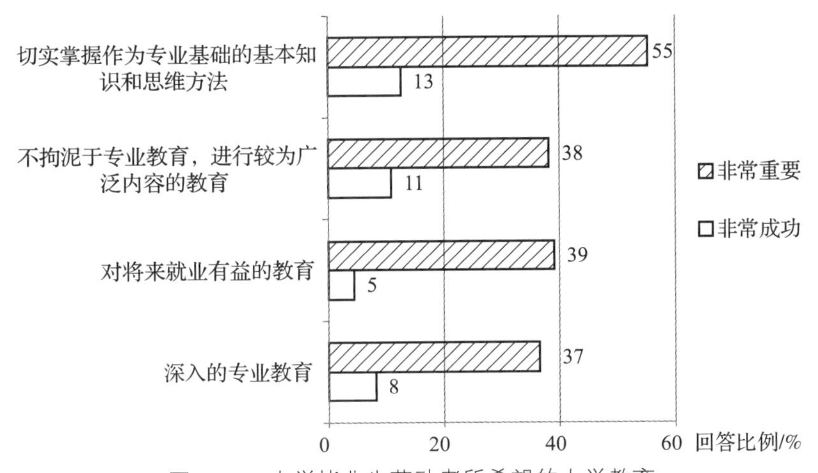

图6－8　大学毕业生劳动者所希望的大学教育

资料来源：根据《大学毕业生劳动者调查》计算得出。样本数量为23 954人。

图6－8所示结果表明，“不拘泥于专业教育，进行较为广泛内容的教育”“对将来就业有益的教育”“深入的专业教育”三个方面，都有30%左右的人认为“非常重要”。然而，都认为现在的大学没有能够实现这些目标。

不过，他们更为重视的是，“切实掌握作为专业基础的基本知识和思维方法”。认为“非常重要”的大学毕业生最多，占到样本的55%。认为“重要”的比例在图6－8中没有显示出来，如果把这个比例也加上，就高达90%以上。然而，回答大学教育在这方面做得相当成功的比例却只有13%。两者之间产生了巨大的鸿沟。

如何解释这个结果非常重要。这个结果看似在强调专业知识教育的重要性。但是，如果仅仅就此认为它是学生通过专业教育获得的专业知识有用性的证据就错了。综合考虑迄今为止的研究结果，可以断定，这个结果说明，通过充分咀嚼和吸收一定的知识体系，形成思考的基础非常重要。

这与所谓的一般能力也不同。一定的知识体系的融会贯通意味着，把理论的和个别的知识体系与自己已经形成的理解相对照，进一步形成与自己的世界观的联系和修正自己的世界观的知识回路。这能够成为将来遇到未知境况时，以自己的知识为基础寻找合适方法的基础。

这个观点也与教养教育的思维相一致。博雅教育的基本观点是，从更广阔的视野来重新审视自己的固有观念，并进一步形成新的自我和社会认识，最终形成更为坚定的个人人格的整合。专业领域的基础知识和本来就具有此主旨的一般教育互相补充，应该更为有效。

同样的观点也体现在对具体课程的评价上。《大学毕业生工作人员调查》，让被调查者回评大学时代的课程。举出了几个不同类型的教学课程，询问这类课程对他们是否有意义。回答“有意义”的比例，根据职业类型进行统计，如图 6 – 9 所示。

由图 6 – 9 可以看出，“传授了扎实的学术基础知识”的授课得到很高的评价，所有被调查者中有 50% 对此持肯定态度。其次得到较好评价的依次是，“教会了自己和社会的关系”“提供了思索自我存在的契机”“有用的实践知识”。至于“教学方法”和“前沿性的研究成果”却没有得到较好的评价。

4. 毕业论文和研究室的意义

如上所示，在日本的大学制度中，研究室等小集团发挥了教育功能，同时，毕业论文和毕业研究也发挥了巨大的教育功能。不过，毕业生是如何看待这些教育形式呢？《大学毕业生工作人员调查》对这类经历对现在的工作的作用进行了调查。结果如图 6 – 10 所示。

第一，事务营业类型中，70% 的回答者拥有研究室归属的经历，同时，具有这种经历的回答者中间，2/3 的认为有意义。不过，认为“非常重要”的却只有

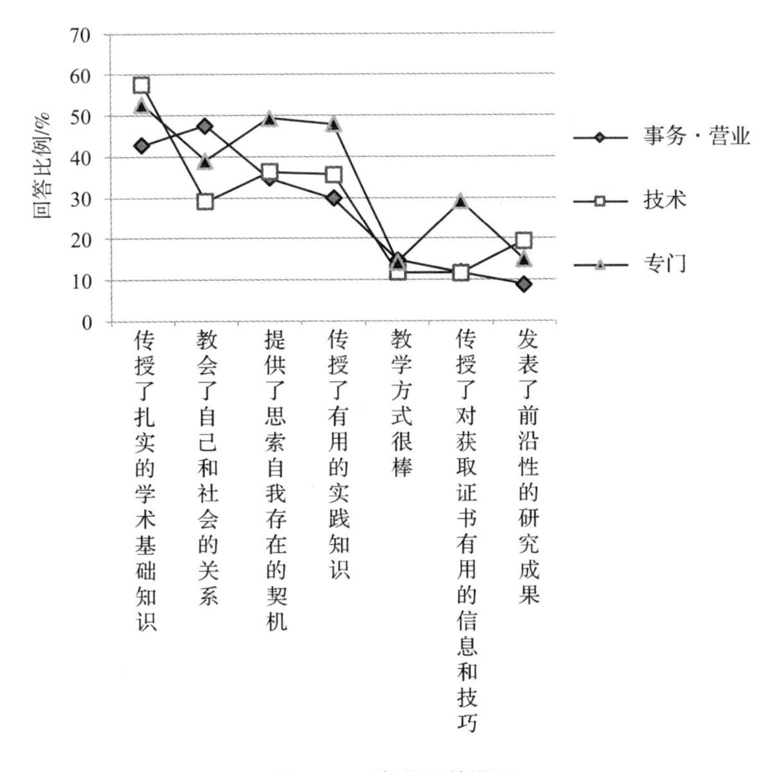

图6－9　有意义的课程

资料来源：根据《大学毕业生劳动者调查》计算得出。样本数量为24 332人。

10%。有撰写毕业论文经历的回答者占90%。然而认为“非常重要”的却只有10%，加上“一定程度的重要”也只有50%左右。

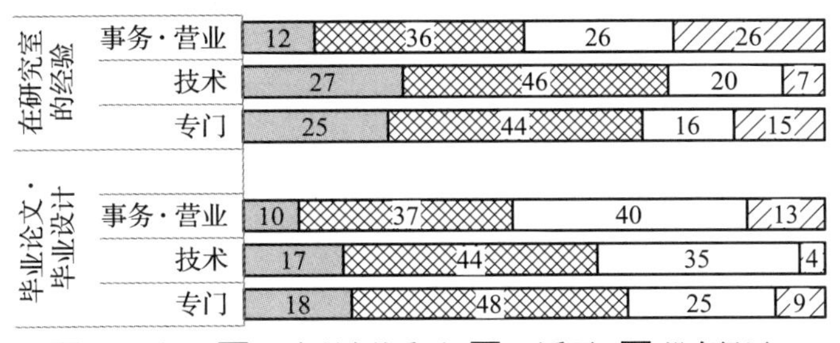

图6－10　毕业论文和研究室的意义（%）

根据《大学毕业生劳动者调查》计算得出。样本数量为24 313人。

第二，在技术类型中，比较多的回答者认为研究室归属的重要性。实际上有90%的回答者有研究室归属、撰写毕业论文和进行毕业研究的经历。不过，经验者未必认为这种经验非常重要。研究室归属经验者只有30%认为该经历“非常重要”、毕业论文和毕业研究经验者只有20%认为该经历“非常重要”。与此相比，研究室归属经验者认为该经历“不重要”却有20%、毕业论文和毕业研究经验者认为该经历“不重要”的却有40%。在专门职业类型中，回答者所体现的特征与此基本相同。

在《大学毕业生工作人员调查》中，对理工科毕业生，就大学教育的方法进行了更为细致的调查，如图6－11所示。“应该强化进行基础知识教育”得到了大多数回答者的赞同。有60%回答者回答“赞同”，同时，“不赞成”者几乎没有。“应该重视主体学习”有40%以上的赞同者，反对者很少。另外，认为“教学内容过于受教师的研究兴趣所左右”有40%左右。

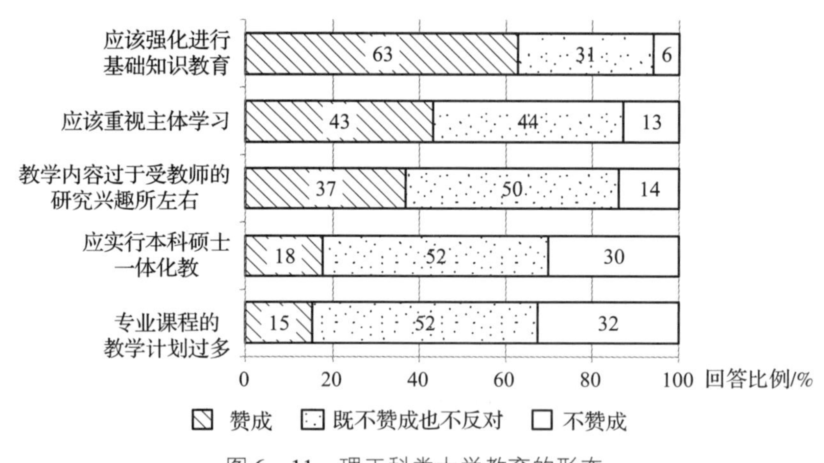

图6－11　理工科类大学教育的形态

资料来源：根据《大学毕业生劳动者调查》计算得出。

仅限理工科专业的出身者。样本数量为7 548人。

从这个结果可以看出，大学毕业生一致认为，大学教育应该着重进行基础知识的教育。同时，日本大学的研究室归属、重视毕业论文和毕业研究、重视教师的研究兴趣等做法，看似能够引发学生的主体性学习，其实不然。还要注意的是，在这一点上，社会认识未必像我们想象的具有那么高的一致性。

5. 大学的生活经验

大学时代的经验和现在的职业满足感之间有着怎样的关系呢?《大学毕业生工作人员调查》调查了大学时代的选择和经验。以此为自变量，以现在的工作满足度为因变量，进行简单回归分析，如表 6 - 3 所示。

表 6 - 3　大学时代的经验和现在的职业满足感

项　目	各职业	事务・营业	技术	专门
大学入学时点就决定了毕业后的选择方向	9. 1	4. 6	11	13. 1
大学中的课程与毕业后的职业期待之间存在密切关系	12. 2	6. 3	15. 2	16
在大学教育的过程中发现了将来的人生方向	14. 3	12. 7	14. 2	10. 6
大学时代的经验与现在的职业之间存在密切关系	24. 5	21. 3	25. 5	20. 2

从表 6 - 3 可以看出，大学入学时点就决定了毕业后的选择方向，这一点确实能够促进将来的职业成功。这对于专门职业者来说更是如此。同时，大学中的课程与毕业后的职业期待之间存在联系，特别是对专门职业和技术职业类型来说更是如此。这也和在校大学生调查的结果相一致。

更重要的是，“在大学教育的过程中发现了将来的人生方向”，同时，“大学时代的经验与现在的职业之间存在密切关系”等与现在职业上的成功感之间具有很强的联系。这表明，大学教育，在学习或生活上，让学生经历了具有较大影响的事件。这类事件影响了他们今后职业生活中的工作欲望，结果形成了较强的职业成功感。

6. 4　大学毕业生劳动力市场的动向和大学教育

上面，从微观视角分析了大学教育和工作之间的关系。本节则变换视角，从宏观视角出发，审视大学毕业生劳动力市场的变化，以及在变化背景下，大学生就业的社会结构，并考察大学教育和职业之间的关系。

1. 应届大学毕业生的供求关系

为了分析大学毕业生的供求关系，根据《学校基本调查》的数据，计算出总毕业生数中，就业者数和就业·升学率（毕业生中就业和升学的比率），如表6－4所示。这里所示的就业者是各年毕业生离校后由大学统计报告数字的汇总，约相当于下述的“一齐就业”制度内的就业者。

从图6－12中可以看出三个特征。

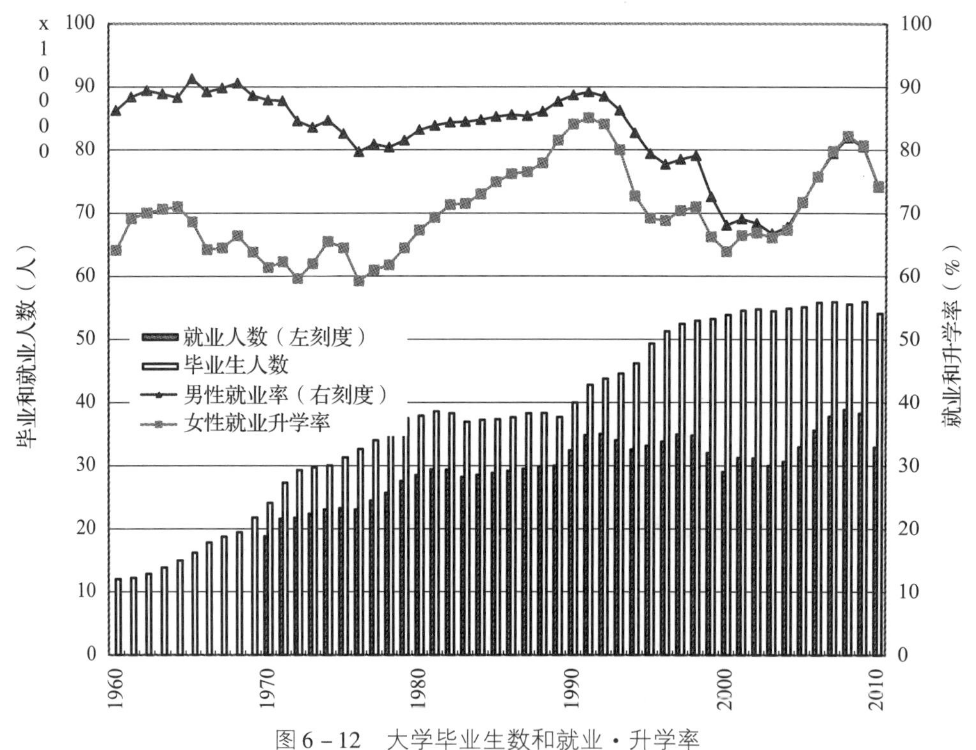

图6－12 大学毕业生数和就业·升学率

注：不含1960－65年的升学人数。

资料来源：由各年度《学校基本调查》算出。

大学毕业生的供求具有长期的周期性。20世纪60年代的大学升学率的快速上升，正值第一次生育高峰期出生的人口达到大学入学年龄。70年代中期，就业·升学率变低，男女合计还不到80%。其后，大学毕业生的数量停止了增加，而对大学毕业生劳动力的需要却扩大了。大学毕业生就业者接近40万人，男女之间的差别也缩小了。

从20世纪90年代初期开始，18岁人口开始减少。大学就学率从30%左右升至50%，大学毕业生数也保持在50万人左右。与此相比，大学应届毕业生的就业者停留在30多万人的水平。

这样，供求之间的差距导致了就业·升学率的急剧下降。20世纪90年代，这个比率高达90%，到2000年左右，变为70%左右。其后至21世纪头十年的上半期，由于经济发展的暂时恢复和20世纪90年代聘用抑制的反动作用，就业人数短时间得到了扩大。不过，其后就迅速减少，到2010年，就不知不觉间回到了30万人左右的水平。这样，就业·升学率又变成了70%左右。

2. 产业结构的变化

另外，创造大学毕业生就业的产业结构也在发生巨大变化。从20世纪70年代到最近的大学应届毕业生（四年制本科和硕士毕业生）的就业去向的统计结果如表6－5所示。

从表6－5可以看出如下结果。

第一，从20世纪70年代初期开始，制造业每年吸收大学毕业生8万人左右，约占全体的40%，成为雇佣毕业生最大的产业部门。这说明，在日本经济高速发展的时期，制造业是日本大学毕业生最大的就业单位。其后，制造业雇佣大学毕业生的比例有所降低。但是，从20世纪80年代开始，制造业的大学毕业生吸收力再度扩大，90年代初，每年能够雇佣12万人。不过，其后，从90年代至2000年左右，虽然技术类型的就业资格从本科毕业升为硕士毕业，制造业全体的大学毕业生雇佣呈现停滞态势。由于生产国际化的发展，海外生产扩大和技术革新加速，也导致包括事业营业类型在内的制造业雇佣能力的下降。

代替制造业，扩大招聘大学毕业生的是商业（批发、零售、金融、房地产）和服务业。特别是服务业增长显著。这里的服务业指：①学术研究、专业·技术服务业；②旅馆、餐饮服务业；③生活关联服务业、娱乐业；④教育、学习支援产业；⑤医疗、福利；⑥综合服务产业，这是不能包含在上述各类中的，直接对应生活需要的各种业种。这些服务业在20世纪70年代只不过雇用了6万人左右的大学毕业生，到20世纪80年代就增加至10万人，到2000年变成了14万人，2010年就进一步高至16万人，与商业并列，成为大学毕业生最大的就业产业。在大学毕业生的就业去向中，吸收速度最快的是医疗和福利，2010年吸收了大学毕业生4万人就业，这占大学毕业生全体的10%。其次是教育·学习支援产业，雇用了约3万人的大学毕业生。

从20世纪90年代，建设和运输通信行业的大学生雇佣也增长很快。尤其是运输通信业，现在雇佣的大学毕业生规模与制造业几乎相同。公务员数量虽然随着日本福利国家化有所增长，但是，雇佣大学生的规模却停留在2万人的水平上。

这个发展趋势表明，日本大学毕业生的一般趋向，已经从物质生产行业，逐渐发展到物质流通行业，并进一步深入到信息和信用，最后，扩展到直接对应人类个体成长和生活直接需要的物质生产行业。同时，后者的比重在逐渐扩大。当然，这并不意味着传统物质生产的重要性降低，而是意味着物质生产中心的企业组织以及工作的特征会发生重要变化。

在这个发展趋势中，在某些行业中，要求知识技能的领域有明显的扩大。比如，在发展比较快的医疗和福利部门，职业资格和大学教育的关系就比较明确。另一方面，传统行业和职业概念不能涵盖的产业活动也发展迅速。从绝对数量来看，这样的部门规模很大。这样一来，大学教育与职业之间的关系将会呈现从未有过的多样化和流动化的特征。

3. 应届毕业生的就业

在这样的产业结构中，个体大学毕业生是如何进入劳动力市场的呢？

通常把文部科学省的《学校基本调查》中的每年五月份各个大学统计的就业者数的总和作为大学毕业生就业的指标。但是，这是高校能够掌握的毕业生就业者的实际情况。也应该存在大学没有能够统计到或者毕业后才找到工作的情况。另一方面，即使毕业时就业了，但是，在毕业三年之内离职的也高达34%（《应届大学毕业生就业离职情况调查》，2006）。因此，毕业时大学毕业生能够就业并不能说毕业生就业不存在问题。这样一来，有必要从综合的视点出发，分析应届大学毕业生的就业现状。

为了实现这个研究目的，我们根据2010的各种数据进行了分析，分析结果如表6－4所示。这里，把研究生升学（15%——《学校基本调查》2010）排除在外，然后把应届毕业生的就业去向大致分为三类。

（1）“应届毕业生一齐聘用体系”的就业者。毕业时直接到企业和政府部门工作的模式。《学校基本调查》里所示的就业者就基本表示这一类，占全体就业者的61%。如前所述，虽然毕业时就业了，但是毕业后三年内又离职了，这部分占据了就业者的34%。这样，就可以更具体地把就业者分为安定就业和不安定就业两类。

表6－4　大学生毕业后去向——2010年　　单位：%

体系内	安定	40
	非安定	21
体系外	自活可能	9
	自活不能	7
无业者		8
研究生升学		15
合计		100

第一类为“体系内·安定”就业者。这类就业者就业以后，至少在职数年，可以认为他们已经进入了终身雇佣体系之中。这是更为狭窄的意义上的就业。约占全体就业者的41%。

第二类为“体系内·不安定”就业者。这些大学应届毕业生，毕业时就业了，但是三年之内却离职而去。这约占大学毕业生的20%。

（2）“体系外”就业者。上述体系内就业者之外的人员未必就处于失业状态。根据《就业结构基本调查》（2007）的数据来看，25岁以下的大学毕业生（非在校者）就业者占92%。依此推算，上述“体系内”就业者之外，尚有

16%就业于“体系”之外。这样，大学毕业生的就业形态中包含了很多大学没有把握住的就业形式。

不过，可以认为这些就业形态属于非定期的单纯劳动，仅仅靠这个工作很难维持生计。根据《就业结构基本调查》的数据，25岁以下的大学毕业生就业者之中，年工资在150万日元之下的有9%。依此可以把“体系外”就业者分为两类：①是“体系外·自活可能”，有9%；②是“体系外·自活不能”，有7%。

（3）无业者。如前所述，毕业后完全没有参加工作的有8%。以前多认为其中主要是女性。但是，现在其中几乎不存在性别差异。

如此整理分类之后，就会发现日本的大学毕业生劳动力市场存折着很多矛盾。

第一，日本大学毕业生毕业后所面临的就业状况非常严峻。大学毕业后能够获得传统的就业机会的仅仅占全体毕业生的40%。如果加上研究生升学的部分，也不过仅仅1/2左右。与此相比，把“体系外·自活不能”和无业者合计起来，多达20%。这些毕业生，经济上无法自立，而且，将来也未必有从这种状态中走出来的希望。

第二，如前述日本模式的理论所示，大学毕业后，到某个企业就业，然后沿着长期职业轨道慢慢上升的职业生涯，意味着在年轻时，不能充分发挥自己的知识·技能，不得不接受具有固定形态的日常工作和较低的工资。在这种情况下，如果在校时不能形成明确的自我认识，那么毕业时的职业选择就缺乏必然性。这就会导致就业后的高离职率（城，2006）。

第三，上述的就业者，虽然大学并不知道这类就业者的存在，但是他们实际上参加了工作，并且，其中有10%左右的毕业生能够完全依靠工资而独立生活。这些学生或者是毕业后才找到工作，或者没有通过大学的就业部门找到了工作。换句话说，这些毕业生的存在说明，在应届毕业生的一齐就业的体系外也有顺利找到工作的可能性。

总之，上述各点说明，大学应届毕业生一齐聘用的制度体系出现了矛盾。如果毕业时不能进入制度体系，以后要进入知识技能积累的轨道就特别困难。即使以后有可能进入这个轨道，由于学生个人的自我认识未能发育成熟，个人就不能完全适应企业的人事制度，结果就有相当多的离职者出现。

另外，一定程度规模的一齐聘用体系之外的就业者出现说明，一齐聘用体系出现了破绽。放在历史进程中去审视，这些就业形态决不能说仅仅是例外。如果把后述的大学毕业生就业需要的变化考虑进去，这个就业形态的规模有可能会进一步扩大。继续沿用一齐聘用体系下的旧观点来观察社会、大学和大学毕业生有可能才是问题的所在。

如上所述，广义的服务业在不断扩大。这意味着大规模企业外的大学生就业去向在扩大。不能否认，这些企业如果采取一齐聘用和长期雇用的人事管理方式，在很多场合下并不具有生产效率。这样，一齐聘用这个制度体系本身必须改革。

4. 就业过程

在上述情境下，大学毕业生的就业过程也发生了巨大变化。在过去的高等教育大众化时期，大学和企业之间具有固定的联系，企业把聘用大学生的计划名额分配到各个大学去，大学根据这个名额决定应聘人选。同时，在20世纪80年代，也出现了大学就业部尽力推销学生的现象，这也就是所谓的“营销型”就业部发挥巨大功能的时代。即使到了现在，应届毕业生的一齐聘用的制度体系仍然存在。另外，这个制度对就业自由竞争的限制已经和缓了很多。这就意味着，40多万人的毕业生同时进入了劳动力市场寻找工作。这对具体的毕业生来说，就意味着，为了进入合乎期望的企业工作，必须忍耐较长时期的寻找工作的竞争。

在《高中生跟踪调查》提供的数据基础上，统计了大学四年级学生在12月份就业的决定状况和至此以前参加的就业考试的次数，如表6－18所示。由表6－5可以看出，在12月份决定了就业去向的大学生中，一半的学生参加了11个企业的招聘考试，3/4的学生参加了27个企业的招聘考试。由于被企业录取之后可以辞退，所以，可以断定，1/2的大学毕业生辞退了10个企业的就业机会。

表 6－5　四年级参加招聘考试的次数

所占比例/%	就业未定者/个	就业已定者/人
50	9	11
75	24	27
最大	70	120

资料来源：根据《高中毕业生跟踪调查》计算。就业未定者样本为 201 人，就业已定者样本为 390 人。

另外，在 12 月份还没有决定就业去向的大学生中，参加的招聘考试当然比被聘用的大学生要少得多。同时，在这个阶段仍然没有接到企业的录用通知，就表明，一齐聘用的制度体系的大门正在逐渐向他们关闭。

就此可以看出，大学毕业生的就业活动也是企业对大学生自我认识的不断否定的过程。特别是那些自我认识本来就很脆弱的学生，在就业过程中逐渐变得失去了自信，甚至有很多就从不参加就业活动，从劳动市场上退出了。具有这种就业活动经验的学生，毕业后也不会再参加就业活动，从而失去了获得人生职业的机会。

在大学毕业生就业中，传统的指定校制度下形成的毕业生就业差异的消失也意味着对毕业生个人进行更为严厉的选拔。同时，如果企业通过面试等强调对个人人格的重视，这时候，极端地说，就业活动失败就意味着对个人人格的否定。这不单是在劳动力市场上寻找合适工作的失败，也会动摇已经形成的自我认识。

在这种情况下，就要求大学毕业生，不管就业过程的成功与否，必须拥有一定的自我认识，寻求职业和生活上的不断成长。这还要求大学要培养学生的这种能力。

下面，对本章的主要观点进行总结。

第一，日本的大学毕业生劳动者的工作，可以分为事务营业、技术和专门职业三种类型。不同类型上，具有不同的职业和大学教育的关系，要求不同形态的知识技能。

第二，不过，专门知识直接得到应用的情况非常少见。职场中担任的职务所必需的知识通过职场内的人际关系得到传播。因此，毕业后，所有的大学毕业生作为同年龄群体聘用，决定工资和职务。聘用未必要求毕业生具有专业知识，而是要求毕业生拥有有效地学习职场共有知识的能力和在职场中分工合作的能力。

第三，专业知识技能虽然在就业初期不为职务所直接要求，但是在长期的职业周期中，职务遂行对其有多种多样的要求。换句话说，专业知识技能是根植于人生职业之中而发挥其功能的。为了实现知识技能的功能发挥，就必须以一定的个人认识为基础，吸取新知识并内化，形成新的自我认识。

第四，迄今为止，上述“大学教育—知识—职业”之间的关系，通过大规模企业所实行的一齐聘用和终生雇佣等人事制度及其对整个社会的影响而得到维持。但是，这种关系具有各种内在矛盾，与大学毕业生失业和低位雇佣存在着密切关系。另外，随着产业结构的变化，大学应届毕业生一齐聘用制度体系之外的毕业生就业的可能性也在不断扩大。必须保证这些就业形式在大学毕业生劳动市场中的应有地位。

第 7 章

大学教育的重新构建

根据以上的分析，本章在对日本的大学教育特征和改革课题进行梳理的基础上（7.1 节），对课堂教学、课程的改革（7.2 节）、大学的教育治理（7.3 节）以及政府、社会与大学之间关系重建的方向（7.4 节）进行探索。

7.1 日本大学教育的特征与改革课题

1. 大学教育的日本式特征

从本书的分析可以看出，日本大学教育的特征可以归纳为以下三点。

1）自律性学习的不足

显而易见，特征之一是日本学生自律性学习时间的不足。日本的大学生即使能够保证课堂出勤，但是在与课堂教学相关的自律性学习上并没有花费应有的时间。自律性学习时间不仅不及大学教育制度所规定的学习时间的 1/2，与美国相比也明显不足，以国际标准衡量，也没有达到大学教育应有的质量水准。

大多数学部在最终年度的毕业论文或者毕业研究上花费大量时间，这是日本大学教育的一个特征，但即便如此，大学四年总的自律性学习时间仍然不足。不要求提交毕业论文、毕业研究的学部、学科也不在少数。另外，还有部分学部、学科对学分数量要求过高，挤压了自律性学习时间。总体而言，在结构上缺乏促使学生进行自律性学习的机制。这意味着，不仅是浪费了作为教育投入最重要的一环的学生自身的时间，而且失去了应通过自律性学习获得的高密度的深度学习，以及由此获得的知识、技能，以及人格发展的机会。

2）教学问题与学生的问题

问题的背景之一是教育课程、教学方式。日本的大学在制度层面上虽然采用学分制，但是教育课程不是作为相互贯通的教育课程项目，而是按学部、学科，或是更下层的教学组织进行细分编制的。在这种框架中，教员倾向于开设与自己的研究领域相关的授课和研讨课。因此，每个教员所担任的课时数量多，课堂授课偏重于各自的专门领域。

结果就造成教员用于教学准备的时间减少。学生虽然会出勤、上课，但是课堂教学不能促进自律性学习，成为所谓的“低密度”教学。其背后的原因是重视小团体非正式教育，以及毕业论文、毕业研究的潜在教育理念。实际上，这种小团体的教育以及毕业论文的方式，并没有成为自律性学习的诱因。

从学生的角度来看，在大学入学阶段，有不少学生对将来自己的适应能力，未来人生、职业生涯等并没有明确的展望，而多数学生是想通过大学教育来发现自己对未来的展望。这种倾向与大学选拔难度的高低并没有关系，在大学生中普遍存在。与其说这是日本的特征，不如说是与发达国家的社会经济结构相对应的。

由于日本多数大学是在入学时将学生按学部乃至学科等专业划分录取，学生在还没有明确所属专业与自己未来关系的情况就开始了大学学习。结果就导致许多学生没有充分的学习欲望。其后果就是妨碍了自我认知的形成，无法形成“高密度”的学习，造成了一种恶性循环。

3）大学教育成果与职业之间的关系

自律性学习时间与学习动机、授课方法等，是共同构成学生获得知识能力的重要规定因素。可以这样认为，如果学生普遍自律性学习不足的话，那么大学的学习成果的获得就会受到很大局限。

更重要的一点是，多数学生希望通过大学教育形成自我认知，但是没有能够实现的学生大有人在。在这个意义上，大学作为现代社会人格形成的重要场所，并没有充分发挥它应有的作用。

企业中除了部分种类的工作，大学学到的专业知识能够直接运用的情况是极少的。即便是一般通用能力，也要经过长期的论资排辈（“年功序列”）过程，晋升到管理职位才能得以发挥。因此，对于学生来讲，就无法判断需要具备哪些知识和能力。其结果就是，企业对知识能力的要求变得模糊不清，这也成为在校学生难以产生学习动机的因素。

2. 作为焦点的自律性学习

以上将自律性学习时间作为出发点，论述了其处于低位状态的结构性背景，及其造成的结果，从中似乎可以得到这样的启示，即保障学生充分的自律性学习才应该是大学教育改革的焦点。对于每个学生来讲，自律性学习到底意味着什么？为什么它对大学教育成果至关重要呢？以下对与此相关的问题加以梳理。

根据第 4 章进行的数据分析，以自我评价的知识、能力、学习积极性为指标的话，对于知识以及学习积极性，首先是学习动机最具影响力；其次是教学方式和自律性学习时间具有很大的影响力。对于通用能力，首先是教学方式的影响力是最强的；其次是学习动机和自律性学习时间。总之，自律性学习时间具有很大的影响力，但弱于教学方式和学习动机。

由此可见，只是学习时间长并不一定能够提高效果。学习时间，一方面取决于学习动机；另一方面则通过一定的授课方式加以诱导或激发，这对提高教育效果有着极为重要的作用。至少可以说，如果教学方式和学习动机，不辅之以一定的自律性学习时间的话，实际上是无法提高学习效果的。

另外，与职业相关联的《大学毕业生在职人员调查》问卷中，期望未来大学教育“使学生切实掌握作为专业基础的基本知识和思考方式”在各选项得到支持最高，这一点也非常重要。

这并不是说专业领域的知识本身具有很高的效用，而是意味着通过自律性学习，并且切实地将通用能力和自我认知的形成相结合，这种意义上的“掌握”才是重要的。

此外，在《雇佣负责人调查》《大学教员调查》以及《大学生调查》中，也可以看到大致相同的结果。因此，可以得知在社会人、学生、教员中有着潜在的共通认识，这一点也可以认为具有非常大的意义。

由以上几点可以得出怎样的结论呢？作为假设可以提出一个“动态多层次能力模型”。这一模型是对第4章中提出的在大学应该掌握的知识能力，分为专业和职业知识、通用能力、自我认识三个层面，进行图式加工而成的（图7－1）。

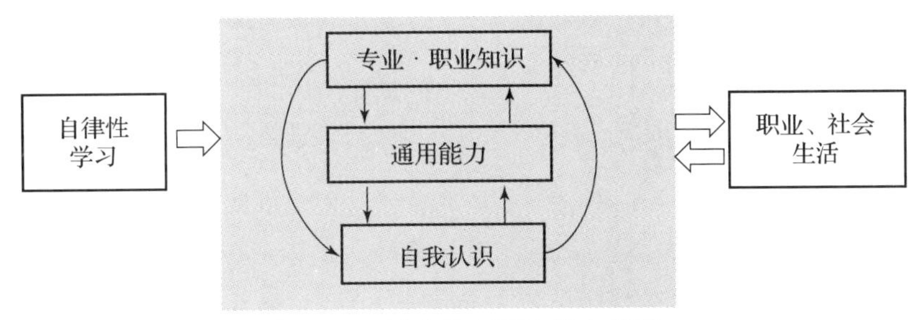

图7－1　动态性多层次能力模型

图7－1着重强调的是，知识、技能分层次构成，各自都非常重要，同时每一层的发展都在对其他层次的发展有促进作用，并且这种相互关系本身有着非常重要的意义。

如同本书的分析（第3章和第4章），自我认识的形成，与学习欲求相关联，并以大学中的学习时间为媒介获得知识通用能力，以及专业、职业知识。如图中向上的移动所示。

另外，课堂教学所传授的专业、职业知识，必须通过自律性学习在自身中进行重新组合。这与通用能力的形成，以及学生对社会、自然的理解相关联，最终也会关系到自己自身的行为以及对未来的期望等。在这个意义上，自律性学习即是所谓的“深入学习”的形成。相当于图中的向下的移动。

知识与自我认知的互动关系的重要性并非是一个全新的观点。[①] 如上所述（序章），在博雅教育的传统中，将知识作为素材，就此通过与教师展开对话，培养作为通用能力的逻辑性对话能力，进一步将锻炼学生的自我认识能力为目

---

① 自我意识和知识必须不断的相互作用，相辅相成。关于“学”与“思”的关系，孔子在《论语》中是这样论述的：“学而不思则罔，思而不学则殆。”（《论语》为政篇第二章　十五）。

标。换言之，其理念是将各个知识与通用能力、自我认知有意识地相链接。

这种导向本应在现代大学教育中的普通教育中继承发展。但是普通教育却只是强调确保在课程上的宽泛度的侧面，也可以说遗忘了学习深度这一侧面。如此思考的话，就需要不只限于普通教育的框架，而要从大学教育整体，以新的观点去重新思考通识教育的意义。

这种学习方式的重要之处在于，不单纯是大学教育的目的不只是专业知识的获得还有人格成长这一基本理念的演绎。这里所讲的深度学习，可以认为是在各种知识、技能之间，形成一种多样、紧密的路径。这种思考网络的形成，将在以后的社会和职业生活中，成为能够更充分发挥自己的能力，不断成长的不可或缺的基础。

此外，这对21世纪社会和经济的发展也具有巨大的意义。20世纪的发展可谓是一种单线型的发展。或者从思维层面来讲，对立轴在一定程度上是明确的。而在21世纪初期的世界，这一基本框架正在分解，而且不断变化，多种可能性并存逐渐成为常态化。面对从迄今为止的常识到无法预期的变化，就需要灵活地并且基于一定的理念进行对应。

从就业结构层面和产业结构来看，从以制造业为中心逐渐转向以多样化的服务业活动为重点，而且这种服务业的内容，是要满足人们及社会极为多样的需求。即便在制造业，不仅是技术革新，而且伴随着新的需求的产生，在使之产业化的过程中又会创造新的机会。

在不断变化和多样化的世界，为了把握新的方向，在具备智睿的敏锐性的同时，要通过与具有不同文化的人们交流，寻找与自己的价值观或目的之间的关联性，这样的态度是十分必要的。

另外，多样化和流动化，给社会和个人带来巨大的压力。产业社会不断变化，即便是在某一企业，稳定的组织和人际关系有时候也不得不发生变化。因此，在这种情况下，具备不断根据环境变化，保持自我，并能去进行改变的能力，即，适应能力（resilience）是非常必要的。而作为其基础的坚固的自我认知是不可或缺的。

为了适应这种要求，在个人层面，知识、通用能力，以及自我认知三个要素有机结合，并对这种结合进行持续的更新。换言之，这对于个人持续成长基础的形成是必不可少的。正是这种能力，才是在社会中个体获得有意义的职业和社会生活的条件。

从这个意义上来讲，三个要素之间能动的相互作用的关系，是将大学的学习和职业生涯中持续成长相链接的关键所在。而实现这一点的不可缺少的必要条件，是在大学中确保自律性学习。

3. 大学教育改革的方向

在上述讨论的基础上，以下进一步讨论大学改革的方向。

上述分析是总体性的讨论，而具体的大学教育问题以及改革课题。毋庸赘言，根据不同的专业领域或各大学设定的理念以及其所处环境等是纷呈多样的。学生的学习行为不仅因为专业与职业的对应关系的不同而大相径庭，而且不同的专业，知识的系统化、理论化的程度与形态也有很大的差异，这和教育的形态有着密切的关系。并且，各大学有着自己固有的文化，在《大学生调查》的数据中，也显示出这种意义上的多样性（两角，2009）。

这就意味着，具体的大学教育改革的方向，由各专业领域或者大学独自选择或形成是最为基本的。而且它并不是由一定的理念演绎出来的，而必须是对学生实际的学习行为以及教育效果进行把握，并以此为基础进行重新思考和审视。在本书所进行的分析是在极为总括性的，有必要在各专业领域和各大学进行同样的分析。

从这一点出发，目前有必要从三个层面对大学教育改革的途径进行思考：一是实际教学、教育课程改善的具体方法及手段；二是使之成为可能的大学组织及大学治理；三是广泛地在全体社会中，在重视多样性的同时推动大学教育的改革的结构性机制。以下对此展开探讨。

7.2　教学、教育课程的改善

首先，最基本的问题是教育课程与具体的课堂教学形式。

1. 改革的内容

以扩大自律性学习为中心的改革，需要怎样的教学和教育课程呢？这并非只有一个单一的模式，我认为有两个基本的主轴。

第一个主轴，是有关对教育本身的基本认识。一方面，是使教育成为可能在于知识本身的逻辑体系这一认识，称为“知识体系主义”；另一方面，是认为所谓教育是学习者（学生）在以往经验的基础上，对给予的知识和触发进行自我选择，并加以综合的过程。教育学中杜威（J. Dewey）开创的“结构主义”（Constructivism），应用于高等教育的讨论中也是有效的（Innes，2004）。

第二个主轴，是有关教学和教育课程在多大程度上对学习过程是具有统制力（Control）。一方面，可以在学生的学习过程中设定一定的框架，然后对框架中的目标达成水准进行评估，称为“过程统制”；另一方面，虽然设定学习场所，但对这一过程本身，可以是学生个体，或者学生分组探索的方法。姑且命名为“目的统制”。

将这两个主轴进行组合，形成四个范式，如图 7 –2 所示。

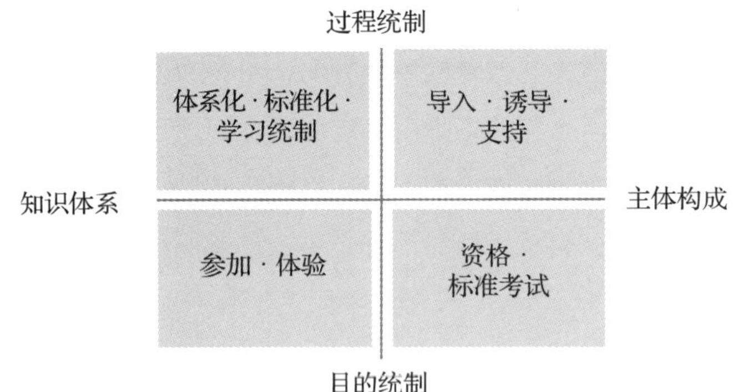

图 7 –2　教育课程、教学改革的方向

首先“体系化、标准化、学习统制”方向，是以知识的体系化为前提或使之得到强化，对学习过程进行统制，并提高其效率。“导入、诱导、支持”导向，是缩小教育目标和学生之间的差距。“参加、体验”方向，是将学生自身对探求过程的参加和体验作为重要手段。此外，虽然从逻辑上也可以有通过“资格、标准化考试”的改革，并且也有一部分这样的建议，但是考虑到其对教育课程、教学改革并不会产生积极的意义，以下不作讨论。

上述所有方向的改革，都具体包含：①课程与教学设置；②有组织的教育支持；③授课方法（practice）这三个层次。以此将教育改革中具体的方向和方法的内容进行梳理（表 7－1）。

表 7－1　教学、教育课程改革相关内容列表

项　目		方向、目标		
		体系化、 标准化、学习统制	导入、诱导、 学习支持	体验、参加 探究
层次	课程和课程设置	• 教育目的的明文化 • 课程系统化 • 课程编号	• 补充教育科目 • 初年教育、新生研讨会 • 学习方法科目	• 社区体验课程、服务学习 • 实习 • 短期项目留学
	有组织的教育支持	• 成绩管理 GPA • 学习历程档案 • 教学大纲 • 教科书标准化 • 参考标准	• 学习咨询 • 读写诊所	• 学习图书馆 • 信息设施
	教学实践	• 教学目标的明文化 • 更严格的成绩评估的严格化 • 成绩评估标准的明确化	• 导入型授课 • 诱导型授课	• 参与式教学 • 项目学习（PBL） • 小组学习、报告发言 • 对报告和考试的评论 • 评价量规（rubric）

1）体系化、标准化、统制

首先，改革的第一个方向，是课程的体系化、对学习过程的统制、管理。

日本大学教育因受“探究导向”的教育理念的影响，对学生学习过程的直接干涉并非积极。并且，即使是在归属集团主义以及小团体的非正式教育中，知识的传授并不是体系化的。这种做法成为学习时间短少的要素之一。因此，如果要确保学生的学习时间，首先要强化对学习过程本身的统制。

在美国的大学教育中有对学习统制为导向的传统，为此作为手段发展出了各种所谓的“小工具”。针对各门课，都会制作“课程概要（syllabus)”，明确标示其达成目标、必读文献、成绩评价标准等。这是教师一方和学生学习的合同，以此为根据，就可以进行严格的评价。并且以此为基础计算学绩点（Grade Point Average，GPA)，对成绩不良的学生提出警告，进行处分。

这些“小工具”，具体、清晰、易懂，最初就对日本大学的改革产生了影响。20 世纪 90 年代之后的大学审议会、中央教育审议会等的报告在大学教育改革具体方案中，就引荐了这样的“小工具”。现实中这种改革在某种程度上已在日本的大学中得到了普及。

但是，本书通过分析表明，只是对学习行为进行监视和强制未必有效。同样，关于授课的形式，重视出勤、测试等管理式教学形式，并不会产生增加自律性学习时间的效果（2.4 节)。此外，对于成绩的最重要的规定因素，并非是学习时间，而是过分看重成绩（4.2 节)。对成绩的过度重视，可能会招致在选课和学习上的某种游戏化。

并且，日本的大学教员倾向于重视小班授课，而对授学标准化及其带来的可能性则持有抵触情绪。这突出的表现在不积极使用 TA 上（2.2 节)。

日本的大学未必进行严格的成绩评价，这也并不是没有原因的。因为如果授课内容在教育计划中没有按照一定的内在逻辑进行编制，而且不具有一定的标准的话，成绩评价就容易为任课教师的学术兴趣和裁量所左右，对所有学生加以强制当然是缺乏正当性的。如果予以强制的话，反而只会招致学生的对抗。

这一点表明，所有“小工具”的背后，正是因为有课程的体系化、一定的标准化，才能够发挥其功能。所谓的课程的体系性，这是在于从基础到高度的知识阶梯性。美国大学的课程编号（course number）就是明确标明这种体系的手段。另外一个侧面就是核心的基本知识、技能，与根据个人的兴趣所获得的较特殊的或应用性的知识、技能之间的关系。

这种课程的体系化在日本的大学也并不是没有被意识到。但是，由于上述原因，实际上，普通教育和专门教育相互分离，并且在专业科目中还有细分化的科目并列的倾向。另外，最近由校外兼职讲师担任的授课增多，这也成为这种课程细分，并列化的一个原因。

如果这种阶梯性明确化，处于同一个阶梯的课程就会具有共通之处。特别是那些基础性的或者核心的知识、技能如果被明确定义的话，那么作为获取知识过程的教学，就可以研发出一种共通的教学内容及方法。上述的课程编号制度在这种意义上也具有重要的功能。

另外，通过将一定的教学进行标准化，不仅是共通的教科书，信息技术（IT）教材、教务助手（由研究生担任的教学辅助）的利用都可以成为可能，并发挥效果。考虑到这些可能性，对于教师本身而言也不无裨益。

总之，学习统制，只是通过强制学生学习是无法发挥其功能的，特别是那种没有经过反思的成绩评价严格化，反而会招致教师独断权利的强化，最后可能会失去学生对课堂教学的信赖以及出勤的积极性。教育课程的体系化与一定的标准化，只有通过教师的认同而形成，才能获得正当性，并在促进学习上发挥作用。

2）导入、诱导、学习支持

第二个方向，是易于学习的诱导、导入手段的强化。

由上述高等专门职业教育中派生出的“修得”型教育理念，或洪堡型的“探究”理念，是以获得知识的信念为前提的。大学的教学，首先应以学问的体系、逻辑为中心而构成，学生为了理解未曾经验过的逻辑和知识，通过勤奋努力，掌握一定的知识逻辑。正如“授业解惑”，解答理解上的困惑才是教育的意义所在。

但是，如同本书分析所揭示的那样，现代学生的学习能力、学习动力、动机以及学习基础参差不齐。此外，随着知识的能动发展、扩大以及细分化，学生目前的学习课题与知识发展的先端之间的距离大幅扩大，很难理解自己正在学习的知识，在整个知识体系中处于怎样的位置，以及对社会及自身具有什么样的意义。但是，知识发展本身，使学习的目的陷入迷茫。

在这种情况下，大学教育有意识地为学生创造契机，使他们能够弥合需要获得的知识和已经获得知识之间的乖离，就成为不可或缺的部分。

因此，教学不仅需要知识内容的逻辑性，而且要考虑到学生的理解程度，同时要有意识地向学生讲明，所教授的知识、技能在知识体系中的意义所在，或在对社会与自然的理解上有怎样的意义。实际上，学生对这种需求非常强烈，这样的教学能够取得很好的效果，这一点已得到明确证实（2.4 节）。并且，教员也逐渐认识到了这种必要性。

然而，这并不只是在授课中通过教师的改进就能够解决的问题，而需要在整个教学课程以及大学组织的整体环境中进行各种改革。

在美国，由于中等教育水平多样，大学也不要求进行分专业的入学考试，因此在入学后无论是在学习能力还是在学习欲望方面，学习困难的倾向非常明显。针对这种现象，在大学大众化初期就开始着手制定解决方案。作为这种尝试，在大学教育中导入了，补习入学前学习科目的“补充教育”（compensational courses），进行大学入学时的“初年教育”或“新生研讨会”，以及教授大学学习方法的“学习方法科目”等。此外，还有回答学生在学习上的问题的“学习咨询”，学习交谈室，教授各种目的选课模型，导入了指导读写文章的“读写诊所”。此外，还普及了计算机等信息器械的使用培训，自习图书馆等。

这些可谓“关怀式”大学教育的意义显而易见，在日本的大学，近十年中也已得到了广泛的普及。但是，在这里有几点需要注意。

首先，在日本的大学教育改革中，对大学教育开始阶段的入学教育与第一年教育极为关注。确实从高中到大学的学习环境转换有很多不连续性，为实现顺利过渡，进行一定的辅助是非常重要的。但是，有关学习的很多问题，并不仅仅出现在第一学年。根本问题是，在整个大学四年如何自始至终地进行学习引导、辅助。

并且，这种方法往往容易被认为是提供了对学生关爱的简单的学习内容，或者意味只是创造了一个学习环境。然而，归根结底其重要的作用是提高学生的自主性，这一点是不言而喻的。例如，明确显示每个学生如何获得学习成果的“学习历程档案（learning portfolio）”，通过这种形式使学生实际感受到到自己的达成度和存在的问题，这样的尝试也起着重要的作用。

并且这种改进活动，不只需要教师，而且大学职员及专业的咨询人员也要发挥极大的作用。实际上，日本的大学，针对学习落伍的学生以及没有建立起朋友关系的学生，由职员进行非定式支持的情况也不少。但如何有组织地开展这种活动，如何培养这一活动的承担者以及给予他们怎样的待遇，这是今后需要解决的问题。

3）体验、参加、探索

第三个因素，不是简单地将大学教育视为知识的提供和被动吸收，而是在其中有系统地导入学生的参与、体验以及集体性的学习。

从这个角度看重要的是，授课不是简单的知识解说，而是通过主动应对一定的课题这样的体验，进行学习。在基于传统学习模式的教育中，即使学习目的是明确的，但是未必对具体知识的获得产生积极的兴趣，并且过程统制模式最终也是对学生的学习进行严格监控，而未必能够形成主动的求知心和学习。

与之相对，在教学中设定课题，让学生积极思考，然后结果由教师进行逐一反馈，这种教学形式具有很好的效果。这已经通过实证分析得到明确验证（2.4节）。特别是教师对考试、小论文加注评语起到了很好的效果，从另一面讲，这也说明以往教员并没有做出这样的对应。引入这种教学方法是一个非常重要的基本课题。

高等教育的普及化所带来的学生的变化，不仅是素质与以往迥异的学生进入大学，而且反映了经济社会背景的变化。由于职业的多样化和流动化，使进入大学的年轻人的自我意识和社会角色的预期变得迷茫。另外，学术的发展使在大学教授的知识更加抽象化，专业也更趋细分化。在这种情况下，能够将学生和学习连接在一起的，不仅是理论、逻辑，还需要通过与教师的相互作用，以及个体与社会、自然的接触所形成的体验和经验。

从这种观点出发，已经展开了各种形式的将经验的形成纳入学习、教育实践的尝试。参加社区活动的服务学习（Service - Learning）在美国被广泛采纳。在日本，人们也试图将社区活动与课堂教学相结合。文部科学省的学士课程教育GP（Good Practice）中以社区参与为题目的项目很多，表明这种观点在日本也得到了认同。

并且短期留学不仅是语言学习，而且可以通过在国外的体验激发学生对社会和知识的兴趣和学习动力。工作实习经常被视为所谓的职业教育的一部分，可以说与获得某种职业知识相比，通过职业体验形成自我意识和对社会产生兴趣的契机，这种意义更为受到重视。在这种背景下，也能够理解产学结合对教育的意义。

此外，针对某一课题，学生分成小组，共同寻求解答，这种小组学习的形式所具有的意义也开始受到关注。因为这不仅可以促进参与主动学习，同时需要通过集体交流，形成某种共识和协议。这种体验在职业生涯中具有重要的意义，对形成广泛意义上的能力所起的作用也受到重视。

特别是在保健类等学部，由于需要掌握的知识量急剧增加，如果仅依靠被动吸收知识，就无法保证学生的学习欲求。反而需要设定一定的课题，并寻求探索或解决方案，这种“项目学习”（Project Based Learning，PBL）在美国首先实施，日本也在进行推广。在工程学部等也可以看到同样的趋势。

这表明，迄今为止在初等、中等教育中提出的“学习共同体”理论（佐藤，2012），对高等教育也具有重要的启示作用（Shulman，2004）。

然而，通过这种尝试实现经验与知识探究相结合的目标并非容易。正如本书的分析（2.4 节），实际上实施参与式的教学的事例并不多，教师虽然认可其作用，但是实际上却很少付诸实践。此外，学生不熟悉这种授课方式的话，也无法理解其必要性和价值。

这实际上表明，参与式教学的实施需要教师具备一定的技能，而且也会增加很大的负担。此外，虽然服务学习等在社会和工作场所的实际体验具有极大的影响力，但包含非常多的要素，将其与有目标、系统化知识的吸收融合在一起并非容易。并且，在要求学生的体验和参与课堂教学，并重视学生自主性的授课中，事实上很难进行严格的成绩评估。为了对应这种情况，部分大学还采用了特定的成绩评估标准（如“评价量规”）。总之，要更广泛地导入参与式教学，需要作出相当大的努力。

从这些观点来看，可以说日本大学的毕业论文和毕业实验有助于学生独立探索，并且作为一个归属团体的研究室、“研讨课”（seminar），是一个以集体教育机能为前提的制度。事实上，美国也导入了学生毕业论文（Capstone Course），或在工学院系引入“项目学习”（Project – based Learning），由此或许可以说，实际上日本的大学教育也具有优越之处。归属集团理念的优势就在于此。

然而，从批判性的角度来看，由于归属集团是基于所属群体的凝聚力，这反而成为进行有目的的体验和学习的阻碍。并且，不能给学生脱离所属的集团进行体验和探究或参与性质不同的集团的机会。不仅是作为归属集团的研讨课和研究室，在一般授课中的高质量的体验和参与也有助于形成自主学习，如何有意识地去实现它，是大学教育的一个重要课题。

7.3　大学组织与教育治理

如上所述，大学教育改革的具体形式是极为多样的，但是从根本上，如果没有包括教学方式在内的每个教师的变化，以及作为其支撑的大学组织的改革是不可能实现的。

1. 教师

正如本书前面所分析的（2.2节和2.3节），作为日本大学教师潜在的教育理念，一方面有偏重小型的研讨课和课堂教学的倾向；另一方面承担的课时数多，用于每堂课准备上的时间少，并且也并不是十分热衷于促进学生自律学习的教学方式的革新，即使认为教学革新是必要的，而在实际的教学实践中也存在很大的差距。

可以认为，虽然日本的大学教师并非不热心于教育，但是教师的上述倾向与学生自主学习时间的不足是有一定关系的。为了实现教学和教育课程改革，有必要重新审视教师的教育观和教育行为。

但是，这并不意味着目前的大学教师的观念是完全错误的。特别是，小型研讨课及研究室中与学生的交流，具有非正式教育的效果，而且期待这种授课的学生也不在少数。教师越是对教育热心，反而越是通过将这种热心倾注于有限的学生，也能够证实其教育效果。

并且，这种以自己的研究领域为中心的小集团教育也有其存的理由。与初等、中等教育不同，大学的教育内容不是以教学科目的形式进行定义的，教师权威的依据在于具有专门知识，并使之进一步发展。虽然以往的洪堡教育理念的影响逐渐减弱，但是研究才是教员对学生权威的基础，因此也成为教育的基础，现在这依然被认为是合理的。

另外，从讽刺的眼光来看，也可以说这种倾向根源于教师的个体利益。将以自己的专业研究领域为内容进行授课，也就是说，以自己的研究价值说服学生，这至少可以使听课学生提高对自己的评价。教师在研究室和研讨课上的努力，使学生毕业后也留在记忆中并得到好评，在这种形式上获得回报。对于教师来讲，这也是一种恬然自得的形式。

但是，问题是这种形式的教育是否对学生的教育产生了足够的影响。从学生自主学习时间的角度来看是不够充分的，这在本书的分析结果中得到证明。迄今为止，虽然进行了诸多努力，但是与现实中学生的学习行动之间形成了很大的差距，为了克服这种缺陷，需要对以往的教学和教育课程进行重新审视。

这意味着，每个大学教员必须有意识地反思迄今为止的潜在的教育理念，以及每堂教学的定位。因此，超越教师个体的框架，有组织地进行讨论和协作是不可缺少的。并且，如果学士教学课程是大学统一编制的话，就需要在大学整体层面上进行讨论。此外，如何采纳校外的意见也是一个重要问题。

这种反思不应局限在抽象理念的层面上，否则实际上不能带来预期的进展。为了寻求改善教育的途径，就需要通过进行客观调查来了解和分析现行的课程和教学的问题所在。教师应推进和参与这一过程，由此可以形成教育改进的活力。

2. 组织领导作用和教育治理

上述讨论表明，大学教育改革，如果不依靠大学教师的力量来推进的话是不能奏效的，同时还需要建立起从大学整体的角度予以支持和引导的机制。

迄今为止，在日本的大学中，学士课程（undergraduate）教育，如“学部”

教育所显示的那样，大学教育与学部这一组织是密不可分的。大学入学考试、成绩评定，以及学位授予都是学部教授会的权限。反而言之，学部教育，从大学整体的角度来看，都认为是一个不可侵犯的领域。特别是在大型大学和具有悠久传统的大学，这种倾向更加显著。

学部、学科甚至专业等，不仅是教育的归属组织，而且还是研究生和学士课程学生的归属组织，这就形成了三重归属组织之间的“屏蔽”。这种根深蒂固的“纵向”制度，在明确学士课程教育的责任这种意义上发挥了巨大的作用。然而从上述大学教育自主改进的角度来看，这显然成为一个很大的桎梏。

也就是说，只要学部教授会本身受到各学科或更下属组织总体意见的制约，就难以摆脱因狭窄的课程设置和教学方法而引起的弊端。结果就造成，教师人均承担的课时数过大，这或许是导致每一节课的密度减弱的原因。关于这一点，在第 2 章已经有所论述。

如上所述，即便在招生选拔上，尽管入学阶段的过度专业分化是一个很大的教育问题。但是，入学定额还是以学部、学科，甚至是专业为单位来设定，并进行选拔的。这虽与后面将论述的大学设置标准的规定有关，但确保教师的专业领域这种大学内的政治利益，事实上也导致了上述框架的细分化和固定化。

如上所述，对于客观把握大学教育的现状和问题，并从包括社会在内的综合视角去思考改善的途径，大学整体的观点起着至关重要的作用，尽管如此，但这样的观点难以产生直接的影响。

此外，在发达国家的大学，现在盛行短期项目的海外留学，日本的这种需求也正在增加。这些留学项目在派遣学生出国的同时，必须接受来自国外的学生，并系统地提供包括外语在内的教育课程。但是，日本的大学以某一学部乃至学科为单位，接受这种项目的留学生是非常困难的。这就需要设置整个大学层面的教育项目。

从这一观点来看，在学士课程的教育改革中，大学整体有组织的努力，以及其中校长等大学管理人员和大学教职员工所发挥的作用是不可缺少的，这就需要探讨应建立怎样的有效机制。

实际上，在大学受到外部巨大压力的情况下，校长等领导层的教职员对大学教育的现状抱有强烈的危机感。例如，根据文部科学省在2012年6月针对大学校长和学部长的一项名为《学士课程教育现状与课题的调查问卷》的结果（中央教育审议会2012，附属资料：83－107）显示，虽然学生的“课堂出勤”被认为是基本达到要求。但是，对学生的“课外学习时间”，有75%的校长和学部长回答，“不足”或者“有些不足”。

此外，对于有关教育改善的组织性的课题，如“教师之间形成对教育改善的共识”和“明确的教育目标和系统性的学习过程”等，校长和学部长中有90%认为“重要”或者“非常重要”。

然而校长的这种意见，实际上在多大程度上是根据对自己所在大学现状的客观认识呢，这一点尚不清楚。并且，在校内是否进行过有关的讨论也存有疑问。

在上述调查中，关于课堂改善的阻碍，有接近70%的校长认为是“科目的内容取决于任课教师的自由裁量权”“课程科目划分过细，课程数量过多”等，是需要解决的“课题”“重要课题”。但是，学部长持同样认识的比率较低，特别是对第二个问题，学部长只有40%。关于教育改善的组织性课题，对“以校长为中心的运营体制”，有80%的校长认为“重要”“非常重要”，但是只有60%学部长认同。

这表明，在作为一个组织的大学整体层面上的认识，与学部、教员的认识之间存在着相当大的差距。因此，在就学士课程教育建立共识、形成决策上存在着潜在的对立。这种紧张关系，随着教育改革的压力不断加大就会日益凸显。如何认识学士课程教育的当前的治理，以及今后如何促进其改善是亟待解决的课题。

从这个角度看，对于学士课程教育不应是仅由各个学部学科的教授会来管理，而是需要建立一种从全校角度协调和管理的机制。事实上，在多数美国大学，各专业领域的学科（department）虽然提供专业领域的教学课程，但学生基本上属于学士课程（college），并设有对其进行统合的组织。图7－3所显示的模型，可以作为一个参考。

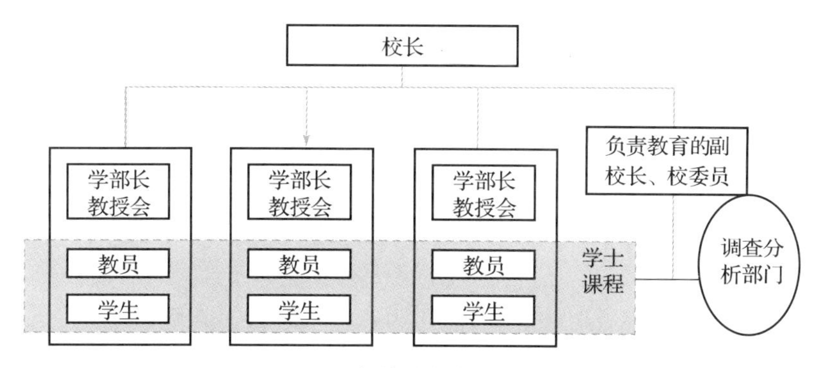

图7－3　复线式教育治理模型

在图7－3中，教员、学生所属于各个学部或者专业，基本教育课程由学部进行编制。同时，负责管理整个大学学士课程教育的副校长，或相当于学部长的管理人员、全校委员会，具有对学士教育课程的编制，以及教学问题的把握和改进的权限。作为其辅助，还需要后面提到的调查分析部门进行必要的调查分析。这只是一个示例，还有其他多种形式。

事实上，以此为方向所进行改革的事例已经不少。但是其详细情况有待进一步验证的也不在少数，这将是未来大学教育改革的最重要的研究课题之一。

在现行法制上，学部是学士课程教育的基本组织，学部教授会对学士课程的教育内容、学生入学毕业负有基本责任，① 除此之外的形式只不过是通过法律的特殊规定得到认可。② 而大学设置标准也以学部、学科为单位，规定入学名额和教育条件。③ 这些规定如果按照字面意义加以解释的话，上述形式或许是违反相关法令规定的。

从这个意义上讲，有必要将基本法令的修改也纳入视野，从更广泛的角度，从大学教育改革的视角，讨论需要构建怎样的组织和治理方式。

---

① 《学校教育法》第85条规定，“大学设置学部为常规”，第93条规定，“大学为审议重要事项，须设立教授会”。此外，该实施条例第144条规定，“学生的入学、退学、转学、留学、休学和毕业，由教授会讨论后由校长决定”。

② 《学校教育法》第85条：“……对实现该大学的教育和研究目标有益而且适当的情况下，可设立学部以外的教育研究的基础组织”。

③ 《大学设置标准（学部）》第3条：学部应按照专业教育研究的需要进行组建，具有与教育研究相适应规模和内容，教师组织、教师人数等作为学部被认可是适当的。

3. 大学组织的作用

具体的大学教育改革，关键在于上述从整个大学的角度的统领作用，以及与各个教师的积极努力之间的相互作用，以及如何把两者联系起来，这成为极为重要的课题。如果抽象地将之视为工作权限的关系，并试图以制度上的治理方式去统制的话，就会产生巨大的冲突。

这里需要注意的是，双方的冲突并不一定是利益上的对立，而是源于各自的视点和对现实的理解。如上所述，教师受到各自的专业领域的逻辑，自己所受的教育，或自己与学生直接接触的经验的局限，而缺少机会了解学士课程教育在整体上具有怎样的效果，以及对学生今后生活会产生怎样的影响等。

另外，校长对教育的实际状况也不一定掌握充分的信息。虽然校长象上面所讲的那样，对大学教育的问题开始有了深刻的认识。但是，这不少似乎是因为受到了中教审等的讨论或媒体报道的影响。他们对自己所在大学的教育实际状况，能够在多大程度上具体把握，对此也尚存质疑。

总之，系统地了解和分析学生学习的实际状况，并将其与大学内部或其他大学进行比较，这是构建大学管理部门与各教员之间，在认识上的富有成效的对话的重要媒介。

被期望能够发挥这种作用的，是大学内部的调查分析部门（Office of Institutional Research，OIR）。在日本，设置具有这种职能的机构的大学正在大幅增加(藤村，2013)。[①] 然而，这种机构要充分地发挥其职能，大学整体的统领性，以及与教师或学部之间的有机联系是必要的条件（金子，2011a）。

此外，大学教育的改革，不仅是各个教学和教育课程的改革，而且对学生的支持、学习环境的充实等等，大学有组织性的努力，以及使之系统化都是必不可少的。要形成这样的系统并付诸运营，不仅是教员，大学职员也应该发挥重要的作用。从这个意义上说，有必要培养职员的专业性，并构建教员和职员之间有效

① 根据藤村（2013）的调查，2012年，全国大学设有大学教育、学生支援等职能的“校内共同研究中心”的有909个，拥有“大学教育中心”名称的部门有62个。

的合作体制。

7.4　社会与大学

上述关于教学与教育课程以及大学教育治理的论述表明，大学教育脱离社会的话就不能得到充分的发展。并且在全球化、产业结构和职业生涯的变化中，大学教育必须要在有限的资源中，培养能承担未来社会责任的人。其中，如何构建社会和大学的关系是一个重要的问题。

1. 市场与信息

大学教育与社会关系的基本环节是市场的机能。如果需要更好的大学教育，就需要让作为大学教育消费者的学生及其监护人，自由选择那些能够提供优质教育的大学。这样，那些提供劣质教育的大学自然将被淘汰，也就可以改善整个大学教育的质量。并且这也会在各大学之间产生教育改善的积极性，促进竞争。

但是，实际上这种机制并没有能够充分发挥这种作用。这是因为：一方面，虽然大学入学时的选拔性存在显著差异；另一方面，由于学生就业时，企业难以明确把握毕业生的能力，因此，以所在大学的选拔性作为潜在的用人能力指标的倾向根深蒂固。所以，在选拔性高的大学中，难以产生教育改善的动力，无法激发大学之间改善教育的竞争。

为了突破这种制约，需要公开大学教育的更为客观的信息。事实上，特别是在美国，尝试制作测试，衡量学生在校期间一般能力在多大程度得到了提高，但其可信度仍然令人质疑（金子，2009a；山岸，2012）。因此，更为必要的是对大学在教育方面的努力进行积极广泛的公示。

与大学教育密切相关的市场之一，是劳动力市场。劳动力市场如果能够充分发挥其功能，企业就可以明确员工所需的知识技能，并能够选拔满足需求的大学毕业生。同时，大学也可以基于这些信息，将课堂教学与这种知识技能的获得相连接。这些信息对学生也应该会形成强有力的学习动机。

然而，本书的分析（第 6 章）表明，这种机制所发挥的功能实际上是极为有限的。企业的各项工作与知识、能力之间并不存在直接的关联，而且企业组织内部的工作内容也会发生巨大的变化。在招聘选拔时，最为重视的是面试，并且使用诸如“成长潜力”等非常抽象的指标。在被雇用后，即使是从事需要特定知识能力的工作，因具备这种知识能力而得到的直接补偿也有限。

由于多数日本企业基本上采用终身雇佣制，以入职年限为基准进行人事管理，因此应届毕业生统一招聘制度一直得到延续。由于招聘时间紧接在毕业之后，而使就业、招聘活动早期化，导致企业、学生双方的竞争，并不断造成进一步早期化的压力。因此，助长了相对于大学的学习成绩，更注重以所谓的某种基本素质为标准的做法。

坦率地讲，现在的劳动力市场对于大学教育，不仅没有提供有关所期望的大学教育的有意义的信息，而且大学教育价值本身也没有得到实质性的承认，因此也可以说没有为学生的学习提供必要的激励。

然而，正如分析（第6章）所表明的，在大学毕业生劳动力市场总体中所占规模尽管很小，但是，存在着以保健、社会保障、教育等专业为中心的，大学教育与特定的专门职位具有一定关联的领域。并且，由于服务业的扩大，从原有的组织形式中脱离出来的雇用形式有可能进一步扩大。大学毕业生中，没有在应届毕业生统一招聘的框架内就业的学生也在增加。这意味着，希望在这样的框架内就业而没有能够就业。也可能是，不局限于应届毕业生统一招聘而雇用大学毕业生的中小型企业正在增加。此外，对外国留学生毕业生的招聘也已经开始，但这也没有被纳入大学毕业生统一招聘的框架内。

迄今为止，日本的企业或许发挥了自己的效率，持续提高了生产力，但同时，这是一个极其僵硬的框架结构，特别是员工的知识、技能不能得到明确的评价，这也是一个制约大学生学习动机的因素。然而，更重要的是，这种所谓的自成一体的知识、技能的保持和形成方式，可能也给企业的活力本身带来制约。

现在，虽然已有观点指出统一招聘应该更加灵活（recruit works 研究所，2010），但是进一步从多方面促进劳动力市场的灵活性和流动性，对大学教育改革具有重大意义。

2. 政府

对大学教育改革政府的作用大致分为三个部分，即为保障大学质量的统一管理，通过财政拨款进行引导，发挥指出高等教育政策问题以及提出改进方向的“公告”效果。

在维持质量水平方面，第二次世界大战后，基本上是按照大学设置审议会制定的大学设置基准，对大学设置进行认可，但是大学设置基准在 1991 年被大幅度实施大纲化，自 2004 年开始，通过政府承认的“认证评估机构”进行评估。① 大学设置认可是一种预先性的简略审查，而正式的审查则是由认证评估机构在 7 年内对各大学进行审查（“认证评估”）。

然而，这一制度对那些并没有达到认证评估机构所规定水准的大学，并没有处罚规定，并非是一个完善的制度。更重要的是，认证评估不仅对物质基础，而且对大学所实施的教育本身所实施的评估，并未必显示出明确的判断标准。这种功能如何能够实现是一个重要课题。

至于“公告”效果，政府已就改善大学教育质量，通过大学审议会以及后来的中央教育审议会的审议及答复的形式，表明了各种方针。这些答复连同相关法律法规的修订和预算措施，针对大学教育改革的课题和方法，回应随时出现的为人关注的问题，对大学产生了很大的影响。

国公立大学在 2004 年法人化以后，在作为法人的拨款预算根据的“中期计划、中期目标”中，教育是其中的一个重要的领域，根据其目标完成度来计算下一期的中期计划期间的拨款。此外，在私立大学经常费拨款中，除了通过学生人数进行计算的部分，还设定了“特别资助”项目，其中包含了与大学教育改善相关的标准。

此外，自 2003 年，“大学改革等推进资助”项目开始实施，包括“特色大

---

① 《学校教育法》第 109 条第 2 款，大学除前款规定的措施外，该大学教育研究等综合情况，应根据政令规定的每一时期，接受由文部科学大臣认证者（以下称“认证评估机构”）的评估。《学校教育法实施条例》第 40 条第 109 条第 2 款（包括适用该法第 123 条的情况。）的政令规定的期限为 7 年以内，该法第 109 条第 3 款规定的政令规定的期限为 5 年以内。

学教育支持计划（特色 GP（Good Practice））”等，分为三种类型，让各大学提交大学教育改进方案。在对其进行审查的基础上，在项目实施的数年间发放拨款。仅是特色 GP，就通过了近 300 个项目，此后还实施了“大学教育促进计划”等类似的项目。

小松（2009）将这种项目称作“竞争型教育活动支援体系”，并认为其对鼓励各大学开发新的教学方法计划具有重要意义。毋庸置疑，实际上根据上述中央教育审议会等的审议讨论的方针，有很多大学策划并申请了有关具体改进教育的方法，并产生了重大影响。从《大学教员调查》中的回答也可以看出，关于大学、研究生教育的 GP，认为“非常有效”的有 12%，认为“有效”的达到 57%。

另外，事实上这些政策仍然有很大的局限性。申请单位是大学或学部等组织机构，虽然有许多关于组织改革的申请，但有关具体的教学实践的较少。并且，由于是短期资助，因此往往只取得暂时性的变化，项目就结束了。另外不可否认的是，其中不少的改革尝试仅限于部分学部和部门，而对大学整体所产生的影响受到局限。

并且，在选定 GP 项目时，通过大学基准协会等听取了部分专家的建议（绢川、小笠原，2011）。但这仅是停留在对各种可能性的认可上，而没有达到对各个项目效果的评估，因此不得不说，这在对不同大学的教育实践是否有反馈作用方面存在问题。

原因之一是，由于原来的目的是鼓励探索各种改革实践的可能性，因此项目数量非常多，而文部科学省自身没有能够承担进行系统的评估，并通过分析从中导出重要的教育改革方向的职能。因此，改革的案例未必能够在其他大学得到推广，政策的成果也很难明确地展现出来。

从这个角度看，应该说旨在教育改进的竞争性资金，虽然在激励大学努力进行教育改进上取得了一定的成果，但没有能够触动上述日本大学教育的结构性问题本身。从这个意义上说，政府需要采取措施，来总体强化如图 7－4 所示的多层次的反馈机制。

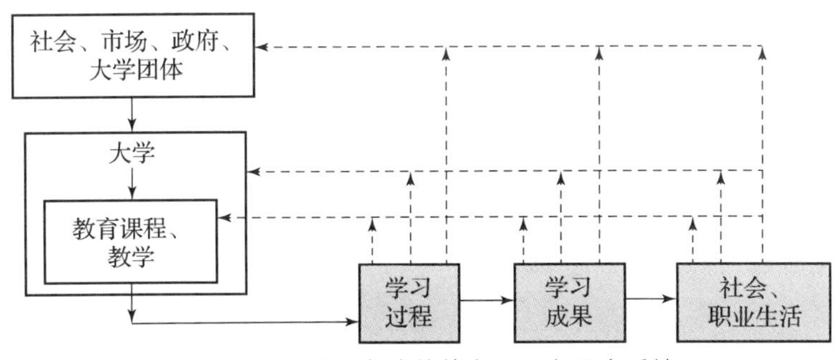

图 7-4　大学教育改革的多元、多层次反馈

3. 多层反馈

通过上述讨论，可以明显看出，社会和大学关系的强化，只是通过前者对后者的统制或者只是通过市场机制，是难以达成的。有观点认为，大学应该为社会进行“实用性”教育。因此，在大学教育中也应该引入市场原理，在各大学中加强对教师的管理。这种主张，是出自对大学的教育和社会之间错综复杂关系的浅薄认识，最终只能导致效率低下和混乱。

另外，大学教师也不能安居于专业领域的围墙中，墨守过去的大学教育方式及其作为根基的潜在教育理念。而这种桎梏，仅靠教师个人的努力是无法克服的。需要对大学教育实际上对学生会产生怎样的影响，从长远看具有怎样的意义，进行客观地反思并加以改善。因此，需要设置三个主轴去思考。

第一，从宏观管理的角度看，在社会对大学从自己的角度提出具体要求的同时，大学需要将这种要求纳入决策，并努力进行自身的改革。作为一个组织的大学与教师之间的关系也是如此。并且在这个意义上的管理效果，不是权力统制，而是需要运用竞争和各种激励措施。

第二，需要把握大学教育对学生产生了怎样的影响，学生是否在努力学习，并与形成怎样的知识和能力相关联，以及如何影响学生的职业和社会生活。可以称之为成果监测的主轴。

第三，需要建立将对大学教育成果的监测结果还原于社会、大学组织以及教师组织和教师个体，并将新的教育方式，以及与之相对应的组织框架和社会影响联系起来的反馈机制。

这一概念如图 7 –4 所示。其中关键的是，大学教育成果的把握，以及将这些对实际的把握与大学教育的改进相联系的途径，不可能是唯一的。而多元、多层次的反馈将促进大学教育的多样性，并提高其效果。“理想的大学教育”并不是突然发现，而是需要通过不断尝试来促进改善。

为了使这种多元、多层次的反馈功能得到发挥，作为连接市场、政府和大学之间相互需求的媒介，各种中间组织起着至关重要的作用（金子，2011a）。

在教育质量保障方面发挥着重要作用的是资格认证（Accreditation）团体。资格认证制度起始于美国，一方面它是向社会来保证大学质量的制度；另一方面致力于通过大学协作相互提高质量。虽然，第二次世界大战后日本引入了资格认证制度，但并没有真正使其发挥作用，而是由政府直接进行设置审查，代替了其职能。

然而，设置审查，基本上只是判断是否具备了教育的物质条件。根据 2004 年的学校教育法修正案，设置审查作为依据大纲化的基准实施的初步检查，实质性的质量保证由“认证评估机构”实施的认证评估制度开始了。然而，认证评估实际上并没有发挥评估大学教育过程和促进改善的功能。如何充实这一功能是一个重要的问题。

另外，大学团体以及大学之间的联盟也发挥着巨大的作用。在美国，各种大学团体，受到来自社会和政府关于改善大学教育的压力，同时为了与各大学之间建立有效的关系，开展了各种活动。并且，还通过大学联盟开展共同的学生调查，并主动公开大学之间进行比较的数据库（AASCU 2006）。各地区大学之间的合作也正在展开。

此外，在美国，与 IR 相关的教职工团体等也具有很大的影响力。教师自发建立的教育改革研究组织和活动也非常重要。例如，“Scholarship of Teaching and Learning”，将教育实践定位为一项学术活动，基于这一理念在大学内开展活动。同时，不仅在美国，还对北美、欧洲产生了影响（Becker，et al. 2004）。

在日本，高等教育学会和大学教育学会等学术团体以及 IDE 大学协会等学术团体也发挥了这种作用。并且，各地区的大学之间的合作也已经形成，这不仅引导了大学教育改革，而且扩大了教师培训活动的范围（金子，2013）。期待这些活动通过与各大学的大学调查组织的呼应，形成一种新的改革动力。

另外，作为这种活动的基础的大规模学生调查、教育成果的测定等，需要资金基础和一定的组织。这种活动至少在初期需要大量的资金，进行分析也需要组织和人力资源。在美国，联邦、州政府和各种财团发挥着很大的作用。在日本，有必要通过公立的大学改革支持组织，支持大学和大学之间的以及大学成员的自主性改革。

结 论

基于上述讨论，以下对日本大学教育现在处于怎样的位置，今后将朝着怎样的方向发展，以及存在怎样的问题，从长期的视角加以简略回顾。

如本书开端（第1章）所述，第二次世界大战后日本的大学教育，是在深刻遗留着战前以来洪堡式学术倾向的大学中，嵌入了以美国学分制为基础“新制大学”框架而成立的。虽然关于这种制度的矛盾，迄今为止已经进行了很多的讨论，但更为重要的是，这给大学中的教育和学习的理念留下了一个很大的不确定性。

第二次世界大战后日本高等教育的先行者们并不是没有意识到这种矛盾。“（教员）只考虑在大学的1小时的授课，对（学生的）课后2小时自主性学习置之度外。因此，对如何实施1小时授课后辅之以两小时的学生自主性活动，没有进行设计，也没有做出努力，也几乎没有为此而着手研究新的教学方法”（大学基准协会，1951：56）。这一批评非常如实地反映了问题所在。

然而，这些先行者对整个大学实质上并没有很大的影响。他们的理念，只是寄希望于在构建新引入的普通教育这一教育课程中实现。并且，现实中的普通教育课程的人力和物质条件非常贫乏，其作为教育课程的影响力逐渐减弱，最终，由于1991年的大学设置基准的修改，这个制度本身也发生了质的变化。

自20世纪60年代以来，日本的高等教育由于升学需求不断增长，不得不走上急剧数量扩张的道路。在这种情况下，日本大学不得不在上述理念还含混不清的同时，去应对数量扩大的现实。如此形成的大学教育“大众化”，事实上带来了各种问题，并产生了危机感。可以说，现实中无论是高等教育政策还是各大学也只能是局限于应对表面的问题。

由于大学数量和规模扩大，教师人均承担的学生数也有所增加，这就导致了一部分大学中大堂授课的出现。而且，在各授课中，教师潜在的教学理念，依然残留着第二次世界大战前浓厚的“讲座”传统的色彩，偏重于从各自的专业研究的角度去设定教学，缺乏整体上的体系化，也没有能够产生诱导学生的自主学习的效果。

这种大学教育的缺陷，在理工类学部和部分人文社会类学部，以深受第二次世界大战前讲座制度影响的“实验室”和“研讨会”这种形式的小集团的教育系统，得到弥补。此外，在医学类和法律类等高度专业领域，与职业的直接相关性和国家考试的管理成为学习动机的基础。然而，没有这种补充手段的大学和学部也为数不少。

诚然，大学的这种状况时常受到批判，但批评并没有带来大学的实质性变化。随着日本经济的增长和企业规模的进一步扩大，组织管理需要大量白领，大学教育就成为其供给来源。另外小组式教育与日本企业运营方式有一定的相近性，在人才培养上起着一定的作用，这大概也是一个原因。

同时，有关大学教育理念的不确定性，也使现实问题没有得到应有的关注，这可以说也是一个事实。其一就是虽主张大学生应该自主学习的这一“基本原则”，但却具有讽刺意味地对现实中自主学习的不足这一事实视而不见。或者因为每个教师的学生人数过多，无法进行小班教学，这成为教育改善的障碍。由于这种先入观的存在，即使实际条件有所改善，但一直限制着教学改善的视野。

然而，如果客观直视这一结构造成了怎样的结果，显而易见，其中出现了严重的问题。本书的分析表明，战后日本大学教育的特点是学生的自主性学习时间欠缺，即形成了所谓的低密度的教育。这与尽管学生对未来的志向不明确，而教师依然陷于以归属组织为中心的潜在教育理念有关。

这种潜在的教育理念未必是完全错误的。诚然，通过归属组织可以产生良好的教育效果。然而从多数学生的课堂体验的整体来考虑的话，实际上大部分是由普通的课堂教学构成的。在这些课堂教学中，如果不在引导学生学习上下功夫，不花费时间的话，实现整体上的高密度教学是不可能的。没有形成这种高密度教学的结果，正在学生自主学习时间的不足上突出表现出来。

此外，如果学士课程教育，以学部、学科的框架内逻辑来设计的话，就会束缚于专业领域的逻辑与利害关系。这就造成与生活于未来的年轻人所需的知识和能力之间的巨大差距。并且，在大学时期的短期留学项目正在成为世界潮流，这需要派遣和接受学生，而跨学部、学科的教学课程的设置是不可欠缺的基础。

如此思考的话，可以说关于日本大学改革的讨论，持续探索了各种问题和现象，触及了战后日本大学教育的深层中的基本问题。对第二次世界大战后在日本大学发展中形成的问题，现在需要从正面予以直视和改正。

同时，日本的大学教育也正在出现新的挑战。自主性学习之所以如此受到关注，是因为在多元化和流动的社会中独立生活和成长，专业知识、一般技能和基本的自我、社会认知这三个要素的有机联系是必不可缺的。这将形成面对变化和多样性的敏锐对应，以及作为其基础的人格。

因此，在这双重含义上，可以说日本的高等教育的重新构建已迫在眉睫。那么，如何才能现实这样的重新构建呢？对于改革的具体课题，在第 7 章中已经加以论述。在此，进一步指出以下三个基本课题。

第一，这里所说的重新构建，不可能是从一个模型到另一个模型这样的简单的转换。正如上述讨论中反复指出的那样，大学教育的基本特征在于其多样性。

大学教育的内容由专业知识构成，这些知识的性质是极为多样的。另一方面，学生的意识和学习能力也是极其多样的。并且学生毕业后所扮演的社会角色也是千差万别的。而将这些连接在一起的大学也不是千篇一律的。大学既有的形态及未来应有的形态也必然是千姿万态的。

并且，并不是说迄今为止的日本大学教育的方式是完全错误的，或者有一个可以纠正这种错误的单一替代模式。日本大学教育的特点是在其所处的环境中独自发展而形成的。由教师和学生形成的小规模教育组织的确发挥了其独自的作用。并且这也与日本的企业组织以及工作方式相适应。

然而，正如本书已表明的那样，尽管有上述优点，但日本大学没有成功地诱导出学生的自主性学习，考虑到日本年轻人未来所面临的挑战，不能不说这是一个致命的缺陷。需要以这种新的视角，去思考当前大学教育的问题所在，以及需要怎样的变革。

第二，大学教育改革必须在开放的体制下进行。坦率地说，迄今为止的大学改革，实际上是以大学响应政府的政策性倡导的形式向前推进的。然而教育的质量转变，不可能直接取决于制度的改革或财政性激励，没有大学成员自身在深层意识以及组织形式上的改变是不可能实现的。

为了促进这种变化，必须将大学教育的问题和挑战，作为整个社会的问题进行公开讨论。在大学信息公开的基础上，建立前面所论述的多层反馈机制，不仅仅是大学及其成员，企业、政府、媒体的参与也是必要的。政府的职能是战略性地构建这样的开放性的反馈机制。

第三，在大学教育中的，教学、指导与学生的主体性、自律性之间的平衡。

上述分析表明，由于依赖于传统的日本大学教育重视学生的自律性的“原则”，反而实际上没有能够引导学生自律性学习。但是这并不是简单地通过考试的严格化这样的他律式的强制学习能够解决的问题。如果说学习的最终目的是让学生形成自律性、多层次的思考方式，那么要求学习过程的自律性也是理所当然的。

这些问题同样适应于教育组织的治理。本书指出，传统大学教育组织的过度分割，导致不能充分诱导出学生的学习。然而，这并不意味着大学校长或管理部门应该对教员的教育课程和教学方法发号施令。重要的是，发挥从更广阔的视角出发，构建一个使教师能够达成共识的框架，并明确提示所需要的信息和选择项这样的领导职能。

总之，对日本的传统大学的方式，既不是摧毁其本质，同时也不是对以往的暧昧的“原则”论踌躇不决，而必须大胆地进行重新审视。

毋庸赘言，大学改革虽然是大学自身的责任，但同时也不可能孤立于社会之外而进行。下面介绍，与大学内教育的同时，在大学外应该进行哪些改变。

（1）初等与中等教育，特别是高中教育的改变。日本的高中教育，长期以来一直受到大学入学考试的强大影响。经常有批评指出，大学考试的压力扭曲了高中教育。但是，从某种意义上可以说，也给高中生带来了学习的动机。然而，正如在本书中所论述的，大学入学考试的压力已经大大缩小，高中生的学习时间也随之消减。这是造成大学教育空洞化的原因之一。

不言而喻，高中教育也需要通过自身的力量，让高中生产生学习欲望。这不仅仅对于选拔性低的大学，对于那些选拔性高的大学也具有重要意义。

还必须强调，大学的国际化与教育改革有着密切的关系。自 20 世纪 90 年代以来，世界留学生人数急剧增加。其中一个重要因素是来自发达国家大学为期约一年的短期留学生数量正在扩大。美国一直被认为是世界留学生的接受地，但其派遣到外国的短期留学生也正在增加。

其中，一个很大的原因是，在全球化中，国际经验作为大学教育的一个方面非常重要。如本书所论述的那样，在发达国家的富裕社会中，学生自我认知发展的不足成为一个问题，通过与国外不同社会和个人的接触，扩展视野，促进人格成长的重要性受到重视。

此外，在派遣日本学生出国留学的同时也必须接受外国留学生学生。成为障碍的并不是短期留学的入学时间。在一定程度上也具备能用英语等授课的教师。而根本问题是，日本的大学能否给外国学生提供一个与他们在本国大学同样水平和密度的教育课程。大学教育改革与国际化具有相互不可分割的关系。

（2）大学教育与企业的关系。迄今为止，大学一直被批评落后于整个社会的进步。然而，正如第 6 章所表明的，日本企业的雇佣惯例和员工任用对大学教育并没有产生积极的影响。招聘时标准的模糊性，失去了对学习的激励作用，而应届毕业生的集体招聘压力不仅对高年级学生的学习产生了严重影响，而且还给他们带来给巨大的心理压力。

并且，大学毕业生在年轻时受到较低的待遇，没有充分发挥自己能力的机会。即使那些能够在工作中发挥专业知识和能力的中坚技术人员或白领阶层，虽然工作上有一定的充实感，但是在工资上并没有得到相应的报酬。各种能力得到积累和发挥，要等到升至管理职位以后，此时已经失去产生独创性革新的机会。

如果这种状况持续下去，日本企业能否能够产生充分的活力？我认为，当其已经开始产生动摇并向着新的方向变化的时候，大学教育改革的成果才能够得到发挥。

最后，我想补充一些有关大学教育研究的问题。

第一，本书虽然表明了大规模调查对加深了解日本大学教育具有重大的意义，但使用的数据并非基于精确的抽样，在代表性上存在一定的问题。分析也仅限于简单列表、相关分析和回归分析。为使研究的焦点更加明确，需要进行更为聚焦的调查，并根据明确的假设，运用更为多样的统计方法进行分析。

第二，本书用于分析的问卷调查结果，基于回答者的主观回答。尽管对学习时间和学习行为这些能够客观评估的回答是相对准确的。但对知识、能力和自我意识的回答其准确性有一定的局限。这对于大学教育来说，是一个核心的部分，需要进一步使用不同指标和分析方法进行探究。

第三，本书未能充分涉及与大学教育相关的各种研究成果。有不少从教育心理学、学习心理学等方面对大学教育进行研究。此外，在国内外也大量发表了有关大学教学实践的研究。然而，前者在其所依据的理论阶段已经变得极其错综复杂；后者离对事例进行系统化梳理和分析还有很大的距离。如何借鉴这些研究是今后的课题。

鉴于上述几点，可以说本书的分析仅是一个探索性的尝试。如果以此为契机，能够促进更为全面的数据收集、分析和研究，可以说本书的目的就达到了。

附　　录

调查概要

成为本书分析基础的各类调查，是基于文部科学省学术创新研究基金《高等教育宏观设计的基础调查分析》（2005—2009 年，课题负责人：金子元久）而实施的。调查问卷及统计结果量表可在 http://ump. p. u - tokyo. ac. jp/crump/中查阅。各类调查一览表如附表 1 所示。

附表 1　各类调查一览表

名　称	调查名称	年份/年	回答人数/名	概　要
A. 高中生追踪调查	《高中生毕业后去向调查》		学生 4 000	2005 年 9 月，从全国各地高中三年级的学生中抽样，向其本人及家长分发了问卷。以回收数达到 4 000 名为目标扩大了调查对象。在此基础上，对样本的高中学生在高中毕业前对其毕业后的去向进行了调查
	A－0　基本调查	2005	家长 4 000	
	A－1　第一次追踪调查	2005	学生 4 000	
	A－2　第二次追踪调查	2006	学生 3 493	
	A－3　第三次追踪调查	2007	学生 2 906	
	A－4　第四次追踪调查	2009	学生 1 991	
	A－5　第五次追踪调查	2011	学生 1 657	

续表

名　称	调查名称	年份/年	回答人数/名	概　要
B. 大学生调查	《全国大学生调查》第一次、第二次调查	2006—2008	学生 48 233	对全国 127 所大学（288 个学部）提出调查要求。对回答者中同意配合调查的学生，通过电子邮件进行追踪调查
	追踪调查	2008	学生 3 371	
C1. 大学毕业生调查	《关于大学教育的社会在职人员调查》	2009	一般工作人员 25 177	对全国 50 000 个营业所随机抽样。向每个营业所的人事负责人分发一份问卷，向一般工作人员分发 5 份问卷
C2. 人事部门负责人员调查			人事部门负责人员 9 354	
D. 大学教师调查	《全国大学教师调查》	2010	学生 5 311（国立 1 876、公立 444、私立 2 965 名）	向全国的国、公立和私立大学的 10 个总部和 5 个学部分发了问题问卷，回答为 31%

各类调查回答者的特征与统计总体的比较

各调查的回答者人数、调查总体（全国适用者总数）、回答者与调查总体的比率以及按基本类别划分的分布如下：代表率以 $(S_{i、j}/P_{i,j})/(S/P)\times 100$ 计算。S 表示样本，P 表示总体，i，j 表示行和列。

1）大学生调查

回答人数　48 233 名、统计总数（2007 年学校基本调查）2 514 228 名，回答者与总体比率（S/P）：1.92%。

大学生分布和代表性调查如附表 2 所示。

附表 2　大学生分布和代表性调查

学部分类	回答者构成比/%				统计总体构成比/%				代表率/%			
	合计	国立	公立	私立	合计	国立	公立	私立	合计	国立	公立	私立
计	100.0	36.9	12.4	50.7	100.0	18.2	4.5	77.3	1.00	2.02	2.79	0.66
人文	14.0	2.4	3.0	8.7	15.8	1.3	0.8	13.7	0.89	1.80	3.89	0.63
社会	25.4	4.4	1.9	19.1	36.3	2.8	1.3	32.1	0.70	1.53	1.42	0.60
理学	3.8	2.6	0.2	0.9	3.4	1.3	0.1	1.9	1.14	2.04	1.73	0.49
工学	15.5	10.6	1.2	3.8	16.7	5.6	0.6	10.5	0.93	1.90	1.92	0.37
农学	2.9	2.3	0.6	—	2.9	1.2	0.2	1.5	0.99	1.84	4.07	0.00
保健	10.7	2.6	2.3	5.7	8.5	2.1	0.9	5.5	1.25	1.24	2.59	1.04
家政	4.3	—	0.0	4.2	2.6	0.1	0.1	2.4	1.65	0.00	0.55	1.73
教育	3.2	2.4	—	0.8	5.9	2.9	0.1	3.0	0.54	0.85	0.00	0.25
艺术	1.5	—	0.1	1.4	2.9	0.1	0.2	2.6	0.51	0.00	0.69	0.52
其他	18.7	9.6	3.1	6.0	5.0	0.8	0.3	3.9	3.73	12.13	10.96	1.54

资料来源：统计总体为 2007 年度学校基本调查。

2）大学教师调查

回答人数　5 311 名、统计总数（2010 年学校教师统计调查）172 728 名，回答者与总体比率（S/P）：3.07%。

大学教师分布和代表性调查如附表 3 所示。

附表 3　大学教师分布和代表性调查

学部分类	回答者构成比/%				统计总体构成比/%				代表率/%			
	合计	国立	公立	私立	合计	国立	公立	私立	合计	国立	公立	私立
计	100.0	35.4	8.4	56.2	100.0	35.7	7.4	56.9	1.00	0.99	1.14	0.99
人文	16.0	4.2	1.0	10.9	13.4	3.1	0.8	9.5	1.20	1.35	1.26	1.14

续表

学部分类	回答者构成比/%				统计总体构成比/%				代表率/%			
	合计	国立	公立	私立	合计	国立	公立	私立	合计	国立	公立	私立
社会	17.1	4.0	1.4	11.7	13.8	2.9	0.9	10.0	1.24	1.37	1.65	1.17
理学	12.9	7.5	0.9	4.5	8.7	4.9	0.6	3.2	1.49	1.52	1.51	1.42
工学	16.9	7.3	1.3	8.3	15.1	7.9	1.1	6.0	1.12	0.92	1.15	1.38
农学	4.5	2.9	0.4	1.1	3.8	2.4	0.3	1.1	1.17	1.21	1.43	1.00
保健	22.2	6.2	2.7	13.3	33.0	10.8	3.1	19.2	0.67	0.58	0.88	0.69
家政	1.6	0.3	0.1	1.1	1.3	0.1	0.1	1.0	1.21	2.32	1.11	1.07
教育	4.7	2.1	0.1	2.4	6.0	2.4	0.2	3.5	0.77	0.91	0.79	0.68
艺术	3.3	0.6	0.3	2.4	3.0	0.5	0.3	2.2	1.11	1.13	1.20	1.09
其他	0.9	0.2	0.2	0.5	1.9	0.6	0.1	1.2	0.46	0.41	1.21	0.41

资料来源：统计总体为2010年学校教师统计调查，第180表。

3）大学毕业在职人员调查

回答者人数25 177名、统计总数（2007年度就业结构基本调查）15 671 600名，回答者与总体比率（S/P）：0.16%。

大学毕业在职人员分布和代表性调查如附表4所示。

附表4　大学毕业在职人员分布和代表性调查

产　业	回答者构成比/%			统计总体构成比/%			代表率/%		
	合计	大学	研究生	合计	大学	研究生	合计	大学	研究生
总数	100.0	93.2	6.8	100.0	91.9	8.1	1.00	1.01	0.83
农业、林业和渔业	1.7	1.5	0.1	0.8	0.8	0.0	2.16	2.03	8.15
采矿	0.1	0.1	0.0	0.0	0.0	0.0	5.07	5.69	2.82
建筑行业	8.1	7.5	0.5	5.1	4.9	0.2	1.59	1.54	2.80

续表

产　业	回答者构成比/%			统计总体构成比/%			代表率/%		
	合计	大学	研究生	合计	大学	研究生	合计	大学	研究生
制造业	22.7	20.1	2.6	15.9	13.8	2.2	1.42	1.46	1.20
电气、天然气和供热	1.4	1.2	0.2	0.7	0.5	0.2	1.88	2.17	1.12
信息通信	3.4	3.1	0.3	6.8	6.2	0.7	0.49	0.50	0.41
运输业	4.9	4.7	0.2	2.7	2.6	0.1	1.79	1.78	2.08
批发和零售	11.7	11.4	0.3	15.9	15.5	0.4	0.74	0.74	0.77
金融和保险	4.7	4.6	0.1	5.0	4.9	0.2	0.94	0.94	0.80
房地产业务	0.9	0.9	0.1	2.1	2.1	0.1	0.43	0.42	0.82
餐饮和住宿业务	1.5	1.5	0.0	1.9	1.8	0.0	0.83	0.81	1.77
医疗和福利	5.7	4.8	0.9	7.7	7.0	0.6	0.75	0.68	1.45
教育与学习支持	15.0	14.2	0.8	11.6	9.9	1.7	1.29	1.44	0.44
综合服务业务	2.1	2.0	0.1	0.9	0.9	0.0	2.42	2.32	9.97
服务	10.9	10.4	0.5	13.4	12.1	1.3	0.82	0.86	0.39
公共事务	—	—	—	6.3	6.1	0.3	—	—	—
其他	5.9	5.2	0.7	3.1	2.9	0.2	1.88	1.79	3.37

资料来源：统计总体为2007年就业结构基本调查，第12表。

参考文献

天野郁夫，2009.『大学の誕生』(上・下)、中央公論。

伊藤秀史，1995.「インセンティブ理論の見地からみた日本の人的資源のマネジメント」、青木昌彦、ロナルド・ドア編『システムとしての日本企業』、NTT 出版。pp. 141 – 180.

潮木守一　1986.『キャンパスの生態誌』、中央公論. PP. 38.

潮木守一　1993.『アメリカの大学』、講談社。

潮木守一，1997.『京都帝国大学の挑戦』、講談社。

潮木守一，2008.『フンボルト理念の終焉?』、東信堂。

浦田広朗　2009.「授業実践と学習行動」、『IDE – 現代の大学教育』515、pp. 20 – 25.

小笠原正明　2010.「高等教育における地方性と世界性」『大学教育学会誌』第 32 巻第 2 号、pp. 2 – 12.

小笠原正明　2001.「理工系学氏課程の新しい教育理念とカリキュラム改革」(科学研究費成果報告書)。

小杉礼子　2007.『大学生の就職とキャリア』

小方直幸　2001.「コンピテンシーは大学教育を変えるか」、『高等教育研究』4、pp. 71 – 91.

小方直幸　2008.「学生のエンゲージメントと大学教育のアゥトカム」、『高等教育研究』11、pp. 45 – 64.

金子元久　1993「大学教育と雇用」、『IDE－現代の大学教育』345. pp. 39－451.

金子元久　1995.「大学教育と職業の知識構造」、『大卒者の初期キャリア形成—「大卒就職研究会」報告』、日本労働研究機構、pp. 264－284

金子元久　2007.『大学の教育力』、筑摩書房

金子元久　2009a.「大学教育の質的向上のメカニズム—<アウトカム志向>とその問題点」、『大学評価研究』8（2009）、pp. 17－29.

金子元久　2009b.「学習させる大学」、『IDE－現代の大学教育』515. pp. 4－11.

金子元久　2011a.「大学支援組織の可能性と課題」、『大学財務経営研究』8、pp. 1－14.

金子元久　2011b.「IR－期待、幻想、可能性」、『IDE－現代の大学教育』pp. 4－11.

金子元久　2013.「内からの大学教育改革と、大学間ネットワーク」、IDE－現代の大学教育』3－4月、pp. 4－11.

苅谷剛彦・本田由紀　編著 2010.『大卒就職の社会学』、東京大学出版会。

喜多村和之（1988）.『大学教育とは何か』, 玉川大学出版会 . PP. 216.

菊池城司 1999.『近代日本における「フンボルトの理念」: 福田徳三とその時代』広島大学高等教育機能開発センター

絹川正吉・小笠原正明（編）2011.『特色 GPのすべて』大学基準協会

絹川正吉 2006.『大学教育の思想』東信堂

絹川正吉・舘昭（編著）2004.『学士課程教育の改革』東信堂

楠見隆・子安増生・道田泰司 2011.『批判的思考力を育む』、有斐閣。

経済産業省 2006.『「社会人基礎力に関する研究会」報告』

経済同友会 2010.『「企業の採用と人事に関する調査』結果』。

小池和男・猪木武徳（編）2002、『ホワイトカラーの人材形成』、東洋経済新報社。

小松親次郎 2009.「GP 事業の出発」、『IDE —現代の高等教育』516.

佐藤学 2012.『学校を改革する－学びの共同体の構想と実践』、岩波書店。

清水畏三・井門富士夫 1997、『大学カリキュラムの再編成』、玉川大学出版部
清水一彦 1998.『日米の大学単位制度の比較史的研究』風間書房
城繋幸 2006.『若者はなぜ3年で辞めるか』、光文社.
大学基準協会、1951（復刻版 1987).『大學に於ける一般教育』。大学基準協会. pp. 18。
谷村英洋・金子元久 2009.「学習時間の日米比較」、『IDE 一現代の高等教育』515, pp. 61－65.
武内清（編）2003.『キャンパスライフの今』、玉川大学出版部。
竹内洋 2003.『教養主義の没落』、中央公論新社。
中央教育審議会 2012.『新たな未来を築くための大学教育の質的転換に向けて（答申）』
中央教育審議会 2008.『学士課程教育の構築に向けて（答申）』
寺崎昌男　1972.「「講座制」の歴史研究序説」、『大学論集 1』、pp. 1－10.
内閣府 2003 年。「人間力戦略研究会」報告
中山茂 1988.『アメリカ大学への旅』リクルート
橋本弘信・濱中義隆・角田敏一　2011.「研究室教育再考—理工系大学院の教員意識調査の分析—」、『大学評価・学位研究』12 号、pp. 31－45.
藤村正司 2013.「高等教育研究とRIHEの将来」、広島大学高等校幾開発センター『第 40 回研究員集会の記録』。
本田由紀 2009.『教育の職業的意義』、ちくま書房。
松繁寿和（編著）2004.『大学教育効果の実証分析』、日本評論社
両角亜希子 2009.「学習行動と大学の個性」、『IDE－現代の大学教育』515、pp. 26－31.
矢野真和 2004.「大学生の知識・教養の獲得とキャリア形成に関する研究－理工系大学を中心に一」(科学研究費成果報告書)
山田礼子 2012.『学士課程教育の質保証へむけて』、東信堂
山田礼子（編著）2009.『大学教育を科学する：学生の教育評価の国際比較』東信堂

山岸直司 2012.「アメリカ各州における学習成果アセスメント」、『IDE－現代の大学教育』543、pp. 71－75.

吉本圭一 2001.「大学教育と職業への移行－日欧比較調査結果より」、『高等教育研究』4、pp. 113－133.

ラシュドール、H.（横尾壮英　訳）1968.『大学の起源』（上、中、下）. 東洋館出版社.

リクルートワークス研究所「新卒一括採用」に関する研究会、2010.『新卒採用の潮流と課題』.

ルドルフ、F.（阿部美哉・阿部温子訳）2003.『アメリカ大学史』玉川大学出版会。

American Association of State Colleges and Universities (AASCU) and the National Association of State Universities and Land－Grant Colleges (NASULGC), 2006. Toward a Voluntary System of Accountability Program (VSA) For Public Universities and Colleges.

Arum, Richard and Josipa Roksa 2011. Academically Adrift. Chicago, The University of Chicago Press.

Association of American Colleges and Universities (AAC&U). 2002. Greater Expectations: A New Vision for Learning as the Nation Goes to College; 2002.

Astin, Alexander W. 1993. What Matters in College: Four Critical Years Revisited. San Francisco: Jossey－Bass.

Bloom, B. S., Engelhart, M. D., Furst, E. J., Hill, W. H., & Krathwohl, D. R. (1956). Taxonomy of educational objectives: the classification of educational goals; Handbook I: Cognitive Domain. New York, Longmans, Green, 1956.

Boyer, Ernest L.; Levine, Arthur。1981 "A Quest for Common Learning: The Aims of General Education. A Carnegie Foundation Essay." Change, v13 n3 pp. 28－35.

Becker, William E. and Andrews, Moya L. 2004. The Scholarship of Learning and Teaching in Higher Education. Bloomington, Indiana University Press.

Bloom, Allan. 1987. The Closing of the American Mind. Simon and Schuster.

Bok, Derek. 2006. Our Underachieving Colleges. Princeton: Princeton University Press.

Boyer, Ernest L. 1988. College: The Undergraduate Experience in America. . New York: Harper and Row.

Dewey, John. 1910. How We Thik. : D. C. Heath & Co. , Publishers.

Dressel, Paul L. 1982. On Teaching and Learning in College. San Francisco: Jossey - Bass

ETS 2007. , A Culture of Evidence: Critical Features of Assessment for Postsecondary Learning.

European Commission. 2009. ECTS Users' Guide. Luxembourg: Office for Official Publications of the European Communities.

Innes, R. B. (2004) . Reconstructing undergraduate education: using learning science to design effective courses. Mahwah, N. J. , L. Erlbaum Associates.

Jencks, Christopher and Riesman, David. 1968. The Academic Revolution. New York: Doubleday and Company.

Kimball, Bruce A. 1995. Orators and Philosophers - A History of the Liberal Idea of Liberal Education. New York: College Entrance Examination Board.

Miller, Margaret; A. Miller & Peter T. Ewell. 2005. Measuring Up on College - Level Learning. National Forum on College - Level Learning.

Nusche, Deborah. 2008. "Assessment of Learning Outcomes In Higher Education: A Comparative Review Of Selected Practices." OECD Education Working Paper No. 15.

Oblinger, Diana G. and Verville, Anne - Lee. 1998. What Business Wants from Higher Education. Phoenix: Orix Press.

Pascarella, E. T. and P. T. Terenzini (1991) . How college affects students : findings and insights from twenty years of research. San Francisco, Jossey - Bass Publishers.

Pascarella, E. T. and P. T. Terenzini (2005) . How college affects students : A Third Decade of Research. San Francisco, Jossey - Bass Publishers.

President's Commission Higher Education for Democracy, 1947. Higher Education for Democracy. New York.

Rychen, Dominique Simone and Salganik, Laura Hersh. 2001. Defining and Selecting Key Competencies. Seattle: Hogrefeuber Publishers.

Shulman, Lee S. 2004. "Visions of the Possible: Models for Campus Support of the Scholarship of Teaching and Learning." In Becker and Andrews, eds. pp. 9 –24.

State Higher Education Executive Officers (SHEEO) . 2005. National Commission on Accountability in Higher Education、Accountability for Better Results: A National Imperative for Higher Education. 2005.

Teichler, Ulrich ed. (2007) . Careers of University Graduates. Springer.

Teichler, Ulrich (1992) . "Occupational Structures and Higher Education." In Clark, Burton R. and Neave, Guy R. eds. The Encyclopedia of Higher Education. Oxford: Pergamon, pp. 975 –992.

Trow, M. A. and M. Burrage (2010) . *Twentieth – century higher education : elite to mass to universal.* Baltimore [Md.], Johns Hopkins University Press.

US. Department of Education. 2006. A Test Of Leadership: Charting the Future of U. S. Higher Education. Final Report of the Committee Appointed by Secretary of Education Margaret Spellings.

US. Department of Education. 1984. Involvement in Learning: Realizing the Potential of American Higher Education. Final Report of the Study Group on the Conditions of Excellence in American Higher Education.

US. Department of Labor. 1991. What Work Requires of Schools: A SCANS Report for America 2000. The Secretary's Commission on Achieving Necessary Skills, a publication of the US Department of Labor.

Yale University 1828. Reports On The Course Of Instruction In Yale College; By A Committee Of The Corporation, And The Academical Faculty. New Haven: Printed By Hezekiah Howe.

译后记

研究的“博大”与“精深”

首先感谢本书作者金子元久先生欣然允诺我们翻译本书，并将本书的出版权无偿授予北京理工大学出版社。

本书是金子先生继《高等教育的社会经济学》（北京大学出版社、2007 年）、《大学教育力》（华东师范大学出版社、2009）、《高等教育财政与管理》（华东师范大学出版社、2010 年）之后，第 4 部被译为中文，与中国读者见面的著作。另外，金子先生的很多论文也被翻译成中文、在国内主要学术杂志刊载，并多次被《新华文摘》等转载，为国内从事高等教育研究，特别是从事中日高等教育比较研究的学者广为参考和引用。

金子先生不仅在日本被誉为高等教育研究第一人，在中国高等教育界也享有很高的知名度。这不仅是由于他的著作具有巨大的影响力，还因为自 80 年代初金子先生就开始频繁应邀来中国各地做学术演讲，与中国高等教育的学者进行学术交流，建立了密切的交往。曾多次应邀参加中国高等教育学会，并作演讲。还曾应教育部高等教育评估中心的邀请作为外国专家连续 4 年参与了 985 高校的评估等。并且，还因为金子先生在日本东京大学任职期间，指导了包括本书 3 位译者在内的 20 余名来自中国的博士、硕士研究生以及访问学者。邀请和接待过众多来自中国教育部的教育行政人员和高校领导及学者的访问。

金子先生在日本乃至中国和世界的高等教育研究领域有着很高的知名度，最根本的是缘于其研究的“博大”与“精深”。金子先生在东京大学取得学士和硕士学位，并在美国芝加哥大学获博士学位。曾就职于亚洲经济研究所、美国纽约大学和世界银行。这些经历和巨大的使命感，使其始终探寻和研究高等教育的前沿问题。不仅对高等教育而且对经济发展与中初等教育和中等教育的研究也深有造诣。在高等教育研究领域日趋细分化的今天，有不少学者的研究只倾注于一个研究题目，而金子先生的研究涉及高等教育政策和制度、高等教育管理、高等教育财政、高等教育评估、院校研究等有关高等教育的方方面面。不仅精通日本的高等教育，而且熟知美国、欧洲，亚洲的高等教育。其论著在日本学界广为引用。金子先生研究领域可以说是“博大”的。这种宽泛的高等教育研究领域之间的融会贯通也形成了其研究的“精深”。其“精深”表现在研究框架、方法的严谨，建树上的高屋建瓴，真知灼见，以及对日本高等教育政策和改革所发挥的重要影响上。

“博大”与“精深”也体现在金子先生对学生的学术指导上。金子先生在东京大学任职期间，从事着繁忙的教育、研究工作，同时还担任东京大学校内担任教育学院院长、大学综合研究中心主任、大学评议会委员等，牵头筹备和创建了东京大学综合研究中心和教育学院研究科大学经营与政策专业。在校外担任日本文部省中央审议委员会委员、日本学术会议委员、日本高等教育学会会长等职。在繁忙的工作中，无私地指导着众多的研究生院的学生。学生的研究题目涉及中等教育、中等教育、高等教育，日美比较，中日比较，教育政策、教育财政、教育经营……。特别是指导留学生往往是要付出在更多时间，多数教授对接受留学生并不积极，并且即使接受了留学生最终也多数也只是结业而未能取得博士学位。以笔者在东京大学学习和工作的十几年的经历，像金子先生这样接受和指导了如此之多的中国留学生的教授别无他人。从确定研究题目，研究框架到写作过程的指导，论文的修改，金子先生付出了巨大的辛劳。金子先生到海外出差经常是带着学生厚厚的文稿，在飞机上，在下榻的宾馆，利用休息时间仔细修改。每部博士论文的字数都多达几十万字，从初稿、修改稿到提出稿，逐一修改。在取得东京大学文科博士学位极为困难的年代，指导的学生多数都取得了学位，并且博士论文作为专著在日本或中国出版，这在东京大学教育学院可以说是“空前绝后”的。现在我们这些当年的学生已身为人师，也愈加体会到金子先生的付出之难能可贵。值此本书出版之际，我们也借此表示由衷的感谢和敬意。

本书原著出版于2013年5月。是金子先生基于其主持的大型科学研究项目（学术创新研究2005—2009年）所实施大规模调查的数据分析而著成的。调查分为《大学生调查》《高中生毕业后追踪调查》《大学毕业在职人员调查》《人事担当人员调查》《大学教师的调查》，实施了共计约9万人为对象的调查。可以说是对日本高等教育状况的全方位的把脉。本书基于这些调查获得的数据，对日本大学教育的问题，进行了深入浅出的分析，并探索和展示了重新构建高等教育的方向。调查的结果和金子先生基于这些结果的论文及著作在日本引起了很大的反响。也成为日本文部省制定高等教育政策的重要参考。本书也受到了中国高等教育研究者的关注，期望能够阅读到中文版本。于是我们向金子先生提出了翻译本书的想法，金子先生欣然允诺。由于种种原因，译著的出版时间远远超过了预期。在此，对金子先生和读者深表歉意。

纵观世界高等教育的发展，进入21世纪，很多国家都在数量急速增长的同时，面临着如何保证和提高质量，适应经济、社会发展需要的课题。而把握高等教育的实际状况，是制定宏观和微观政策的不可或缺的环节。而高等教育研究也需要将研究聚焦于现实问题。期望本书能够成为高等教育研究者和高校行政管理人员的参考。

本书由华东师范大学教授徐国兴（第4章、第5章、第6章）、上海外国语大学教授窦心浩（第2章、第3章）、东洋大学教授刘文君（前言、中文版序言、序章，第1章、第7章、结论）翻译。此外，上海外国语大学的硕士研究生代子安、应才昳、谭婉心、何丽臣、姜美臣同学参加了对部分章节译稿的校对。最后由刘文君统稿。

在译著付梓之际，承蒙原北京理工大学出版社林杰社长（现任北京理工大学资产公司党委书记董事长）、北京理工大学出版社学术出版中心孙澍主任、国珊编辑，及北京理工大学学位与研究生教育研究中心主任王战军教授的大力协助。在此一并致以衷心的感谢。

刘文君
2020年于东京